WORD SEARCH BOOK

FOR CLEVER KIDS

Ages 8–12

100 Word Search Puzzles

ISBN: 9798354118151

FREE BONUS

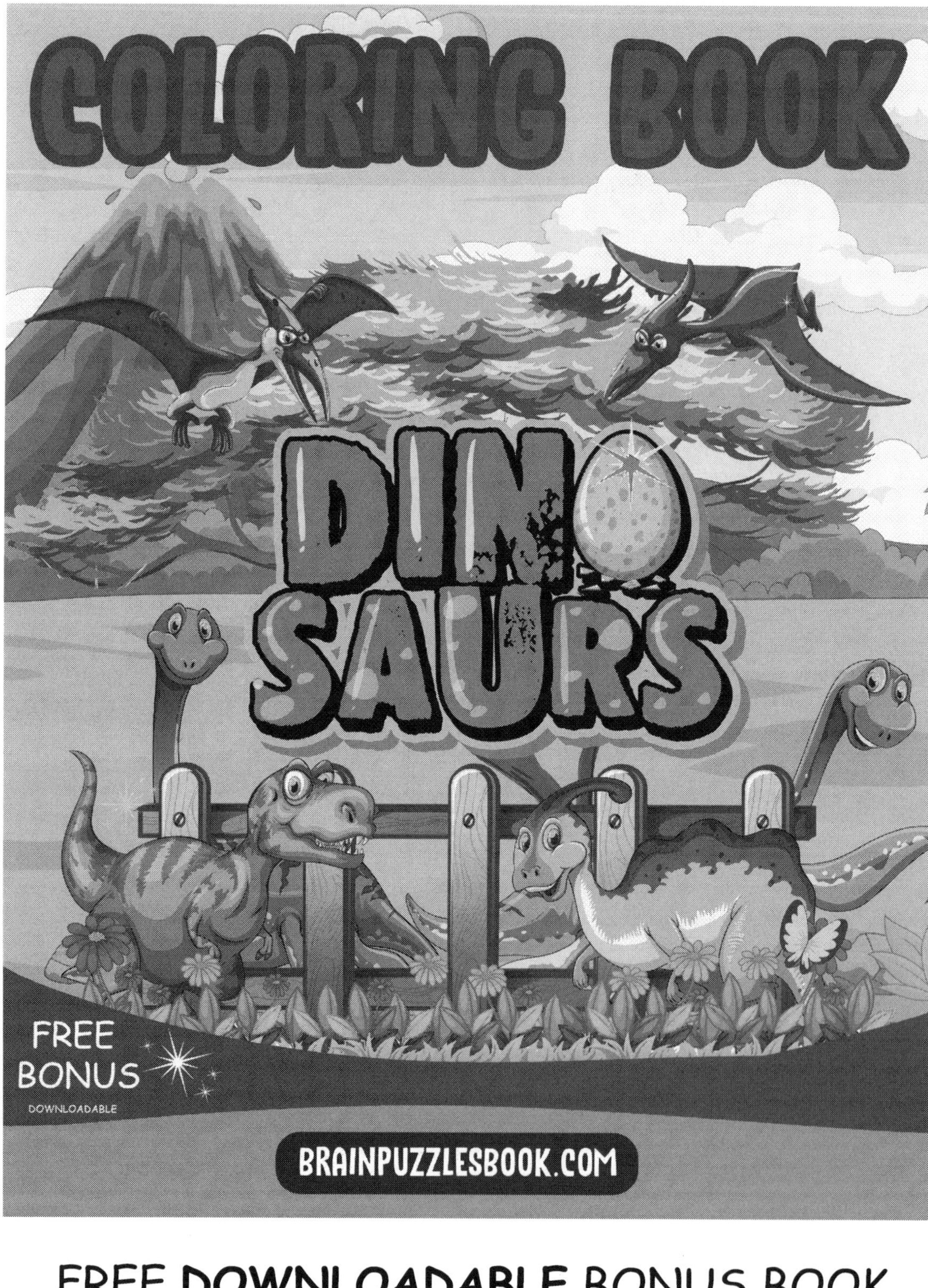

FREE **DOWNLOADABLE** BONUS BOOK
LOCATED END OF THE BOOK

This book belongs to...

INTRODUCTION

Word Search is a puzzle where you have to find hidden words in a square filled with letters.

All words can be written in any direction:

❶ Horizontally
❷ Vertically
❸ Diagonally

M	L	M	❸	A	H	E	L	A	L
V	J	C	G	N	D	E	M	G	A
I	Y	R	O	I	B	R	M	N	S
F	O	W	Q	M	T	W	Q	Y	O
U	I	J	T	A	F	I	T	I	F
F	A	R	M	L	D	❶	C	W	G
L	A	U	X	S	Q	A	G	Q	Q
❷	T	R	K	M	H	I	N	C	E
N	A	T	U	R	E	M	J	D	J
S	T	M	O	Z	Y	U	C	H	J

Time: ____________________ BEGINNERS

SUPERHEROES 1

J Y X V A L Q J N Z F P X D R
Z Z A A V A Q U A M A N X E M
A N E M S X X F I R O N M A N
I L E K N B J T E O W E F D M
D H K A S R O B I N J J O P H
U U G O A U H Q P I E O N O Y
C O H A T R D A H H X T J O X
L Q B A T M A N G U X G H L A
S U P E R M A N R L Z Q I O U
S P I D E R M A N K H O J Y R

WORDS TO FINDS

BATMAN	AQUAMAN
SPIDER-MAN	DEADPOOL
SUPERMAN	LOGAN
IRON MAN	ROBIN
HULK	THOR

Time: ____________ BEGINNERS

FAIRY TALE CHARACTERS 2

N U T C R A C K E R H E F Z R
B T S A D I P O P R J F I K P
L Z Y L H M L F B T Z A F K D
U P R A P U N Z E L T Z C U W
E Z B D B C S N O W Q U E E N
B Y A D B Y Q L M E R M A I D
E I C I I C I N D E R E L L A
A X S N O W W H I T E G I R X
R I T H U M B E L I N A E M B
D P I N O C C H I O T H Z T O

WORDS TO FINDS

CINDERELLA
THUMBELINA
RAPUNZEL
SNOW WHITE
NUTCRACKER
BLUEBEARD
MERMAID
ALADDIN
PINOCCHIO
SNOW QUEEN

Time: ____________________ BEGINNERS

CAR BRANDS 3

S	V	J	L	I	N	K	J	P	S	I	Y	K	S	A
I	O	D	H	L	Q	I	T	C	R	A	N	O	E	A
H	L	N	E	T	X	Z	S	A	W	I	Q	S	P	F
B	V	P	T	Q	R	A	R	S	S	C	Z	W	F	I
J	O	A	B	A	D	R	Y	U	A	M	W	U	O	Z
E	T	S	U	I	E	E	H	N	X	N	V	K	R	G
E	H	G	Q	F	G	J	R	O	F	H	A	U	D	I
P	A	R	I	U	W	E	N	J	N	Z	H	G	J	K
J	H	P	S	T	O	Y	O	T	A	D	O	I	J	E
I	I	Y	X	P	S	O	X	K	U	J	A	I	D	B

WORDS TO FINDS

AUDI
NISSAN
VOLVO
JEEP
OPEL

FORD
TOYOTA
FERRARI
HONDA
JAGUAR

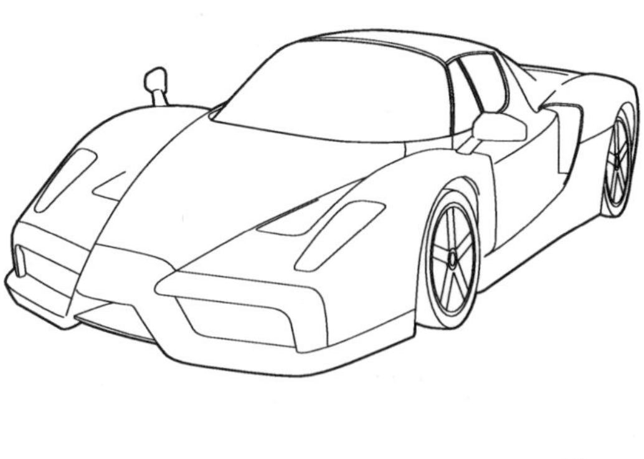

Time: ______________ BEGINNERS

SPACE 4

A S T R O N A U T I P N V A S
V I M T S Y A F T Y P E J F P
D S X Q S W F D N J L R W W A
S A T E L L I T E R A O L L C
X V O J I A N B Z T N X W N E
A S T E R O I D S Q E W F T S
J T F Z P Q S X I Z T I K L H
T B U V T J M M O O N M Z L I
M E T E O R I T E C O M E T P
E L O B A S T R O N O M Y O D

WORDS TO FINDS

PLANET	COMET
STAR	ASTEROID
ASTRONOMY	METEORITE
SATELLITE	SPACESHIP
MOON	ASTRONAUT

Time: ____________________ BEGINNERS

COUNTRIES 5

```
S G R E A T B R I T A I N V V
R P I K H X V W J R Z N R N V
W X A V Y U L D U F A R D P Z
Q Y Z I O F N E H B R Z C D M
W X Y B N A Q P U T E A A M I
C E W U L C B R A Z I L N V F
C Q N G K H T L E X V W A C Z
X E N B U I A F E H K Q D E E
G E R M A N Y L D Q L R A R E
S C O T L A N D G R E E C E I
```

WORDS TO FINDS

GREAT BRITAIN	GREECE
ENGLAND	SPAIN
SCOTLAND	CHINA
FRANCE	BRAZIL
GERMANY	CANADA

Time: ______________________ BEGINNERS

CITY 6

B S K Y S C R A P E R P L A G

U S U P E R M A R K E T N A Y

I J S Y Y A S O L D W G K I D

L V N T M J T D J X M M D J G

D M S P M S B A K E R Y B L K

I Q R T K O Q P H A R M A C Y

N Z G O R Z E Q V M P E N T O

G V O W Z E C S N T F D K L W

O B H N S W E S Q U A R E E V

P U S Q T F S T A R H K L R P

WORDS TO FINDS

TOWN
BUILDING
SKYSCRAPER
SUPERMARKET
BANK

BOOKSTORE
BAKERY
SQUARE
PHARMACY
STREET

TIME 7

T	M	I	L	L	E	N	N	I	U	M	P	F	K	T
F	P	M	L	E	B	P	W	C	P	Y	D	A	G	Y
Q	A	Q	W	G	P	R	E	S	E	N	T	L	S	W
E	V	E	N	I	N	G	X	H	N	G	P	H	I	T
C	E	N	T	U	R	Y	V	K	N	F	H	A	G	E
I	M	O	R	N	I	N	G	J	I	U	R	Y	Z	H
H	B	A	Z	V	K	F	T	V	G	T	O	A	K	T
M	Y	Y	W	M	W	H	G	V	H	U	R	D	S	C
R	L	D	L	Q	Y	N	D	E	T	R	X	A	E	Q
F	S	C	A	A	Z	D	J	F	W	E	U	Y	C	V

WORDS TO FINDS

PAST	CENTURY
FUTURE	MORNING
PRESENT	EVENING
AGE	NIGHT
MILLENNIUM	DAY

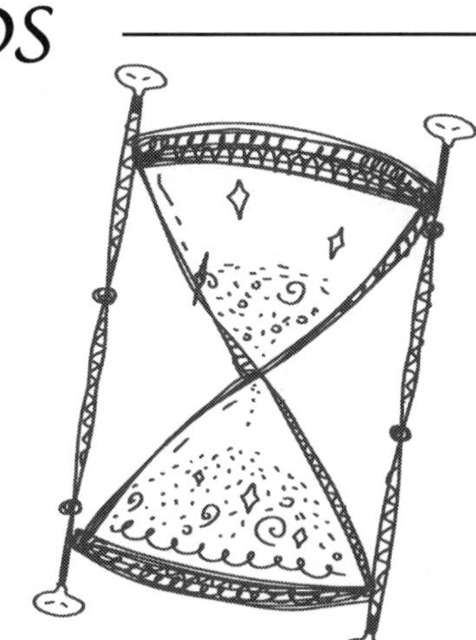

Time: ____________ BEGINNERS

MONTHS 8

G J S E P T E M B E R R A L J
R F E B R U A R Y V R T U H T
H F I U N H H H V N J Q G J M
M N B A A M X L J Y J Q U U T
N U V U H B A E T U Z A S N Q
A D L A G N H R T K L D T E F
P X J B Q V D S C I A Y V O A
R W M B M G I F C H D S Y X M
I D P R R P Q J A N U A R Y A
L O C T O B E R A Y V E F D Y

WORDS TO FINDS

JANUARY
FEBRUARY
MARCH
APRIL
MAY
JUNE
JULY
AUGUST
SEPTEMBER
OCTOBER

CALENDAR 9

F G W X A M K D J Q L M B U X
P D K O F F Z F C P G D R A H
E B D J E Q O M Q X M E S M W
G Y R C M W E E K H O I T M L
T H U R S D A Y O Z N O U O F
S A T U R D A Y S R T Y E N O
J W Y W I F L S C H H E S D R
V F E U A N W E D N E S D A Y
S D A M G J F P S U N D A Y O
P D R D C J F R I D A Y Y Z R

WORDS TO FINDS

MONDAY
TUESDAY
WEDNESDAY
THURSDAY
FRIDAY
SATURDAY
SUNDAY
WEEK
YEAR
MONTH

BIRDS 10

U	S	W	N	M	D	D	V	G	K	R	L	O	D	Q
O	W	O	O	D	P	E	C	K	E	R	W	N	P	H
E	A	P	E	A	C	O	C	K	S	X	X	A	M	N
O	L	F	Q	C	K	W	W	O	O	Z	C	R	O	W
P	L	T	E	Z	O	G	C	O	E	V	K	E	O	P
E	O	I	K	R	J	J	I	V	T	E	G	F	G	D
B	W	U	R	M	X	I	B	Q	R	I	O	A	J	N
H	D	A	E	A	G	L	E	D	P	K	W	D	N	V
A	P	N	F	V	F	G	L	B	R	G	L	Q	F	H
S	P	A	R	R	O	T	T	S	A	S	W	A	N	R

WORDS TO FINDS

SPARROW
PIGEON
WOODPECKER
SWALLOW
PARROT
EAGLE
SWAN
PEACOCK
OWL
CROW

Time: ______________ BEGINNERS

MARINE LIFE 11

B B H E W J V W K H M N B Y J
T I W N O C T O P U S E D F J
G D A I V C R A B N U R K I Y
D L L D O L P H I N H O G S R
K V R P P F E V V K C I P H O
W S U Z K F Q S T I N G R A Y
H A S V S T A R F I S H L X S
A U C L T Q R F S D S T Z I T
L S Z A V J E L L Y F I S H E
E I P B T X Y S B C J Y V G R

WORDS TO FINDS

CRAB
DOLPHIN
JELLYFISH
OCTOPUS
FISH
OYSTER
STARFISH
WHALE
WALRUS
STINGRAY

Time: ____________________ BEGINNERS

ZOO ANIMALS 12

E L E P H A N T Z E V T X S X
R H G I N Z H Q X W B R M L J
X E I K D G A Z S M V O U L H
Z T R C A V B I T R H Y E N A
E O A K X N L W Q V O M T M Y
B J F B A I G I M T A C O U Q
R C F L E M U A O C O H T N L
A J E R Q A I X R N Q O V O A
C N S Y A T R V C O N J C U K
W T I G E R T C H M O N K E Y

WORDS TO FINDS

ELEPHANT
BEAR
ZEBRA
MONKEY
GIRAFFE

LION
TIGER
KANGAROO
CAMEL
HYENA

FARM ANIMALS 13

L	O	D	O	N	K	E	Y	N	M	C	F	L	H	S
C	W	G	U	K	A	Y	W	D	B	Q	X	U	O	X
X	O	L	C	X	P	Y	C	O	C	K	E	R	R	H
U	U	W	Y	U	J	H	Y	G	Q	D	J	G	S	D
J	R	N	N	C	H	I	C	K	E	N	F	J	E	K
G	V	P	Z	B	U	B	E	D	S	W	S	W	U	P
S	G	R	R	O	D	L	M	J	Q	Q	K	B	E	N
A	M	O	Y	P	F	C	G	B	C	P	W	E	G	H
A	L	Y	A	T	Y	A	P	I	G	J	H	W	R	I
J	Z	U	G	T	B	T	T	P	Y	S	Q	P	U	E

WORDS TO FINDS

SHEEP
CHICKEN
PIG
COW
COCK

HORSE
DONKEY
CAT
DOG
GOAT

Time: ____________________ BEGINNERS

FRUIT 14

N	P	R	D	P	X	N	B	J	M	N	K	Y	S	S
O	M	K	P	I	N	E	A	P	P	L	E	I	Y	Y
J	R	H	G	R	U	G	N	H	J	O	J	X	A	X
Z	W	A	A	B	G	R	A	P	E	F	R	U	I	T
B	M	E	N	L	N	A	N	D	X	M	W	N	K	X
F	P	N	A	G	L	F	A	M	L	S	E	T	G	D
Q	Q	W	G	M	E	E	M	A	P	P	L	E	K	R
O	P	L	U	M	X	J	M	P	E	A	C	H	U	B
A	P	R	I	C	O	T	L	O	N	J	O	H	T	B
T	P	C	W	A	M	V	S	V	N	L	D	R	C	B

WORDS TO FINDS

APPLE
BANANA
ORANGE
PEACH
PEAR

PINEAPPLE
PLUM
APRICOT
GRAPEFRUIT
LEMON

VEGETABLES 15

T R P O T A T O A J K B F T U

O A T C U N C F O N I O N U D

M D Q T U B H Y H W N A N O X

A I S H G C M G C E L T T B H

T S B I R A U V G P E C L V M

O H G O X B W M G V F A V F S

O C M G I B X G B X W R B J B

W T N J K A E I J E J R E H N

P E A S R G X O G A R O E M M

L T J F Z E T M C T K T T Y L

WORDS TO FINDS

CUCUMBER
POTATO
TOMATO
EGGPLANT
RADISH

CARROT
CABBAGE
BEET
PEAS
ONION

Time: ____________________ BEGINNERS

HOUSE 16

G H G Z L P H W A C X P E N E
A X T L U W L I B U J J N B O
R T A R I O S N A Q R O O F J
A H P E N R Q D L C U R R G Z
G H H I I F E O C L R U O H E
E R V A L F C W O O H Z P O M
K I T C H E N B N S A W U D M
Z S F I Z C R C Y E L L Q O S
Q U I L C N M A G T O C A O H
O M Q S M U E C O P R Z A R Z

WORDS TO FINDS

ROOM
BALCONY
CLOSET
DOOR
ROOF

WINDOW
GARAGE
KITCHEN
STAIRS
HALL

COLOUR 17

S	L	P	B	E	T	X	Q	O	Q	G	N	M	I	L
U	W	M	H	A	F	J	R	K	S	W	D	S	X	U
I	S	G	R	O	P	W	L	X	O	X	J	P	H	U
R	G	W	T	X	U	Z	T	R	O	Q	P	Z	H	Z
G	U	G	H	V	R	L	B	L	U	O	N	I	R	E
H	Q	Z	B	D	P	M	Z	B	K	C	H	R	U	G
B	L	A	C	K	L	Z	M	H	T	M	H	L	E	Z
G	R	E	E	N	E	W	H	I	T	E	B	Y	E	D
O	R	A	N	G	E	T	G	P	C	H	G	R	A	Y
H	U	D	Y	E	L	L	O	W	A	O	B	S	U	N

WORDS TO FINDS

BLACK
BLUE
BROWN
GRAY
GREEN
ORANGE
PURPLE
RED
WHITE
YELLOW

SHAPE 18

P	A	R	A	L	L	E	L	O	G	R	A	M	N	B
G	A	V	U	R	S	M	B	W	T	R	K	O	Z	L
W	B	G	W	M	H	U	X	B	R	H	G	D	S	E
L	P	F	Q	O	E	L	T	X	A	O	S	Q	Q	I
N	M	L	I	L	Q	Z	O	N	P	M	U	C	U	Q
M	R	E	C	T	A	N	G	L	E	B	N	E	A	Z
I	T	R	I	A	N	G	L	E	Z	U	O	C	R	O
Y	I	H	E	X	A	G	O	N	O	S	A	Q	E	J
C	P	J	Y	W	Z	K	C	R	I	M	O	V	A	L
P	E	N	T	A	G	O	N	L	D	I	I	D	L	D

WORDS TO FINDS

CIRCLE
RHOMBUS
SQUARE
TRIANGLE
TRAPEZOID
RECTANGLE
OVAL
PENTAGON
HEXAGON
PARALLELOGRAM

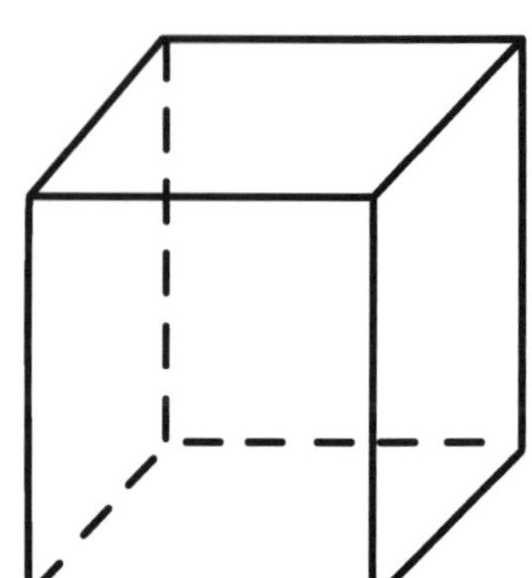

Time: ____________ BEGINNERS

SCHOOL 19

S H A R P E N E R D I V O E I
U C M B Q B L A C K B O A R D
E Q X L N B P B A C K P A C K
C I O B P R E C O S A K V W L
H L Q C E Q N G E G R C W R M
A A O S C Q C D L O X G E W A
L Z A C M S I V B H A L J D H
K R Y A K X L C V V U O S T T
E Q L D B E F F G R R B V X Z
N O O R O F R A U R I E M U R

WORDS TO FINDS

BACKPACK
BLACKBOARD
CHALK
DESK
ERASER
LOCKER
PENCIL
SHARPENER
RULER
GLOBE

Time:

BEGINNERS

BODY PARTS 20

B	W	J	F	S	K	Q	E	S	F	O	O	T	E	L
W	C	A	E	C	M	C	R	M	R	F	H	N	V	E
X	P	O	A	A	D	E	R	K	V	V	Z	F	M	G
O	T	B	T	O	G	R	P	A	K	D	V	R	G	D
L	A	V	K	N	O	J	C	W	G	O	A	D	A	I
G	L	H	I	S	H	O	U	L	D	E	R	E	C	Y
L	B	F	E	L	Y	C	Z	Q	B	G	H	E	H	W
V	S	U	B	H	A	N	D	Z	V	G	S	A	E	M
O	P	Y	M	A	S	V	Q	T	Q	F	O	J	S	P
D	E	T	S	K	Q	A	J	R	S	N	Q	M	T	U

WORDS TO FINDS

HEAD
ARM
BACK
CHEST
SHOULDER

HAND
LEG
TOES
FINGERS
FOOT

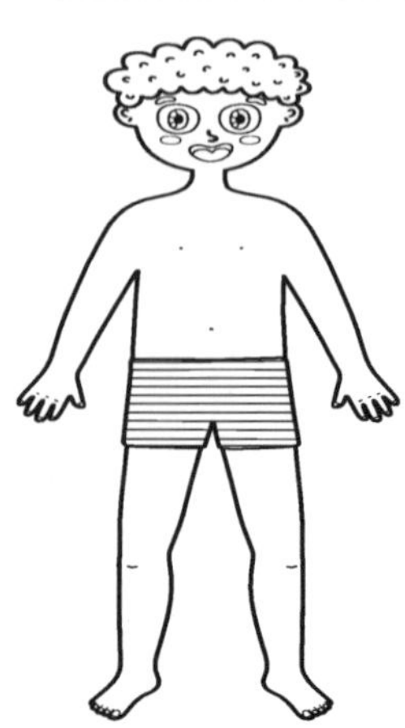

Time: ____________ BEGINNERS

FACE PARTS 21

H M O U T H A A F E J O M Y M
M G Q T H H Q M O P K F M X F
R E Z T U M V P R B S R T S E
T Y E Z T E H W E Q J E R A Y
S E K Y F K S S H U N U V W E
T L B X L L P G E U M H M N B
E A F A W I O K A K N J I Q R
P S U I L X P J D L C H E V O
C H E E K S A G L V C A L Y W
W M F T T O N G U E H K I T E

WORDS TO FINDS

CHEEK
CHIN
EYE
EYEBROW
EYELASH

FOREHEAD
LIPS
MOUTH
TEETH
TONGUE

Time: ____________ BEGINNERS

MENSWEAR 22

A	V	H	E	E	I	B	F	I	B	O	W	T	I	E
W	S	H	O	R	T	S	Q	F	T	O	Y	Z	S	M
A	A	C	D	V	D	I	E	E	S	H	I	R	T	P
L	U	I	P	G	D	W	K	P	R	H	E	K	O	V
C	J	K	S	B	V	C	X	J	D	S	F	B	S	G
H	R	G	F	T	A	E	V	Z	U	X	W	E	K	E
I	B	L	R	J	C	P	S	O	E	B	U	P	I	P
N	X	R	N	L	M	O	R	T	U	X	E	D	O	N
O	W	M	P	F	D	T	A	W	C	T	O	H	Q	P
S	T	E	C	S	U	I	T	T	V	S	M	D	H	K

WORDS TO FINDS

SUIT
SHIRT
WAISTCOAT
TROUSERS
TUXEDO
CHINOS
SHORTS
BOW-TIE
VEST
JACKET

Time: ______ BEGINNERS

WOMENSWEAR 23

T L E G G I N G S B I P R B F

T U C X E O H Q Y L P C Z Q L

L J N Z K S Z T W O A B W V J

G O R I X I A R T U S H A W L

D W K S C O L K S S S K X T Y

R P S W C A N R I E Q Y I F Y

E K E R X A P O N C H O I R G

S S U T T O M A K J U J K R T

S F E J N H N O P J F Q M A L

S T O C K I N G S Y C X W A S

WORDS TO FINDS

DRESS	FUR COAT
SKIRT	PONCHO
TUNIC	SHAWL
BLOUSE	STOCKINGS
LEGGINGS	TANK TOP

Time: ____________ BEGINNERS

FOOD 24

M	U	S	H	R	O	O	M	I	R	S	A	L	A	D
E	G	M	G	X	L	L	T	W	C	I	S	G	S	T
H	P	P	N	W	E	T	B	Y	C	N	C	W	A	D
F	K	A	C	T	E	O	F	Y	C	F	K	E	N	B
U	R	N	I	H	A	M	B	U	R	G	E	R	D	U
W	J	C	G	G	Y	A	M	B	T	Y	O	N	W	T
H	J	A	P	S	Q	R	E	T	K	C	U	S	I	T
A	P	K	P	O	Y	E	A	O	P	G	V	N	C	E
S	T	E	V	W	T	S	T	O	H	J	H	J	H	R
H	U	X	Z	W	B	R	P	J	Z	B	Y	V	R	R

WORDS TO FINDS

HAMBURGER
BUTTER
MEAT
MUSHROOM
PANCAKE

POPCORN
RICE
SANDWICH
SPAGHETTI
SALAD

DRINKS 25

Q	F	P	F	S	E	N	P	Y	U	B	R	H	W	M
W	A	T	E	R	L	E	M	O	N	A	D	E	M	M
S	G	I	U	Z	C	C	Y	L	S	P	T	W	A	I
V	H	J	N	T	O	C	O	R	B	N	N	D	Q	L
R	R	P	R	H	C	O	I	C	D	T	O	V	J	K
T	J	B	K	A	K	F	A	U	O	S	J	O	H	S
O	K	L	R	T	T	F	F	C	H	A	U	E	R	H
I	I	F	C	E	A	E	P	D	T	Z	I	T	O	A
M	S	J	U	A	I	E	N	K	M	Q	C	K	T	K
U	C	T	L	U	L	I	Y	E	H	Y	E	G	E	E

WORDS TO FINDS

WATER	MILK
LEMONADE	COCOA
TEA	MILKSHAKE
COFFEE	COCKTAIL
JUICE	SODA

FAMILY 26

G S J O B H R X X K Z I N S F
U N C L E R F G H T I O V I H
M O T H E R O N E P H E W S V
S P U U L K G T U R I I M T U
O G B H D A U G H T E R N E P
N G R R B X E N D E L K I R A
E Z U E X G R U G N R M E Z U
X F A T H E R V D N U E C B N
L K Y F F C W S Y D F H E N T
A A I F H P S O V T B U C I N

WORDS TO FINDS

MOTHER
FATHER
SON
DAUGHTER
SISTER
BROTHER
AUNT
UNCLE
NIECE
NEPHEW

Time: BEGINNERS

TOYS 27

T	E	D	D	Y	B	E	A	R	M	G	N	F	Q	J
Y	X	Y	R	R	Q	Z	P	I	P	B	S	F	I	P
D	W	A	G	N	K	F	I	D	U	T	R	A	I	N
F	K	L	W	F	E	O	C	O	O	N	U	L	J	D
W	Q	J	D	I	G	Z	Z	L	Q	O	B	D	L	G
N	V	V	B	E	B	T	X	L	Z	P	A	C	I	B
G	O	R	L	T	R	O	B	O	T	B	L	M	Q	H
N	A	S	G	S	C	Q	I	D	G	S	L	S	S	B
B	L	Q	U	D	A	V	Y	V	M	W	Z	W	R	T
Y	N	B	B	N	R	P	C	B	L	O	C	K	S	B

WORDS TO FINDS

ROBOT
CAR
DOLL
BLOCKS
LEGO
BUS
BALL
TEDDY BEAR
BARBIE
TRAIN

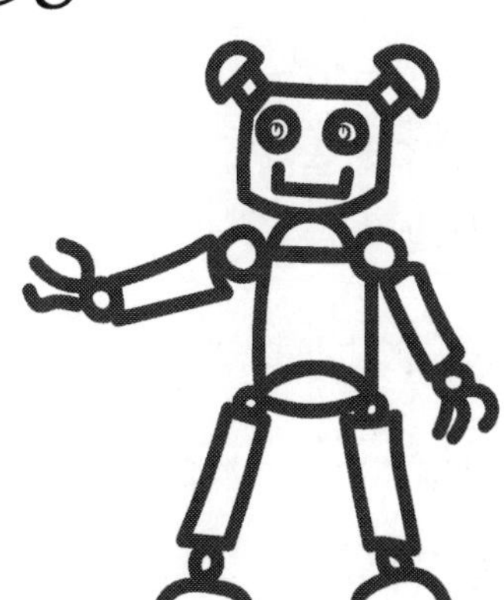

Time: BEGINNERS

ROAD 28

U	C	R	O	S	S	W	A	L	K	M	G	O	E	B
G	N	F	T	S	M	X	M	B	R	I	D	G	E	O
I	X	D	E	X	P	R	E	S	S	W	A	Y	S	U
R	V	Q	E	W	D	R	A	U	L	R	Z	I	A	L
K	E	X	F	R	S	T	R	A	F	F	I	C	E	E
H	J	Z	I	L	P	T	U	N	N	E	L	U	G	V
Y	W	N	L	J	I	A	K	R	I	I	N	S	H	A
C	Y	F	B	F	B	S	S	E	C	E	J	V	V	R
P	A	V	E	M	E	N	T	S	V	X	H	H	K	D
Q	T	Y	Z	Q	O	W	C	A	A	L	L	E	Y	R

WORDS TO FINDS

TRAFFIC
ALLEY
AVENUE
BOULEVARD
BRIDGE
EXPRESSWAY
CROSSWALK
PAVEMENT
UNDERPASS
TUNNEL

Time: ____________ BEGINNERS

CULTURAL EVENTS 29

X E N L A I T R A R P A Y M Q

D C I N E M A Y Y P J T Z U K

Y G P V Q R P G K B R A A S I

Q X P K O K Z P H A U T O E C

A Q U A P A R K P R M G X U I

P F D B R E L I B R A R Y M R

Y J X U C L W B Z A Y Z F Q C

T H E A T R E Y K C Z U S J U

C P A R K K V L X G I O H T S

A K W A H B Z D I S C O O O D

WORDS TO FINDS

AQUAPARK

PARTY

DISCO

CINEMA

PARK

CIRCUS

THEATRE

MUSEUM

ZOO

LIBRARY

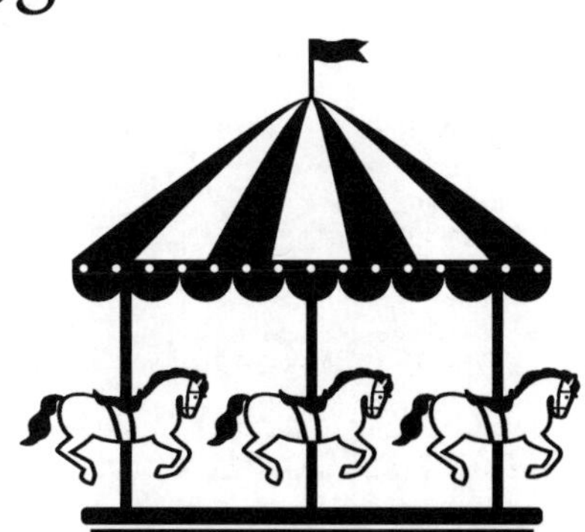

Time: ____________________ BEGINNERS

CIRCUS 30

L	H	W	R	S	T	R	Q	N	Z	G	L	P	M	S
E	Q	G	P	L	E	R	W	X	Y	I	F	Q	A	P
O	G	W	S	L	B	O	A	F	Z	A	S	R	G	E
I	R	Y	G	I	L	E	J	M	K	N	K	P	I	C
B	O	G	M	C	F	Q	M	M	P	T	D	E	C	T
C	U	R	L	N	E	L	L	T	X	O	U	B	I	A
J	Q	G	Y	C	A	R	N	I	V	A	L	O	A	T
H	M	E	G	H	C	S	Y	X	I	C	Z	I	N	O
A	C	R	O	B	A	T	T	F	N	H	I	S	N	R
A	T	T	R	A	C	T	I	O	N	S	K	Y	D	E

WORDS TO FINDS

ACROBAT
TRAMPOLINE
ATTRACTIONS
MAGICIAN
GIANT
GYMNAST
JUGGLER
SPECTATOR
CARNIVAL
CLOWN

Time: ________ BEGINNERS

WOMEN'S DAY 31

R	B	U	P	E	R	F	U	M	E	R	Y	V	P	S
L	M	R	A	H	G	L	E	Z	K	A	G	A	O	N
V	H	E	P	O	X	O	E	T	O	K	I	W	S	O
J	K	S	U	L	P	W	C	A	N	D	Y	W	T	W
H	A	P	P	I	N	E	S	S	G	A	F	O	C	D
U	K	E	C	D	I	R	K	F	H	G	A	M	A	R
L	D	C	R	A	N	S	J	M	F	G	C	A	R	O
K	K	T	G	Y	O	B	D	D	F	H	T	N	D	P
P	T	R	P	W	N	E	M	S	O	T	J	D	L	S
S	P	R	I	N	G	X	A	K	Z	S	R	O	G	Y

WORDS TO FINDS

SNOWDROPS
SPRING
FLOWERS
CANDY
RESPECT

WOMAN
HOLIDAY
PERFUMERY
HAPPINESS
POSTCARD

Time: ____________________ BEGINNERS

CHRISTMAS 32

V	D	G	N	L	K	H	S	U	R	H	E	J	P	T
V	B	R	D	Q	F	T	Y	S	V	N	V	P	S	G
M	F	M	B	H	N	G	Z	K	W	X	Y	I	D	S
O	H	I	T	S	N	E	W	Y	E	A	R	N	U	A
A	P	C	T	K	S	E	H	C	Q	H	A	N	I	E
F	N	F	A	S	A	N	T	A	C	L	A	U	S	C
V	I	G	K	N	N	D	P	B	R	L	M	S	X	A
G	L	J	E	L	D	T	I	A	G	U	A	M	Y	R
L	E	C	S	L	H	L	G	P	H	I	R	D	A	O
J	I	N	G	L	E	B	E	L	L	S	Y	L	Q	L

WORDS TO FINDS

ANGEL	GARLAND
CANDLE	GIFTS
CAROL	JINGLE BELLS
CHRIST	MARY
SANTA CLAUS	NEW YEAR

Time: ____________________ BEGINNERS

HALLOWEEN 33

G B R O O M S T I C K C E W F
S H I S C A R E C R O W S C D
V X O J K C X S V Q Y I L O X
Z P C S B B C E N X H W R S G
J U S C T K T I K P E M W T R
J H K W Z P F J X K X F U U A
X Q U Y K F S P O O K Y V M V
M O L K O S K E L E T O N E E
I R L C B M F P U O S S D W E
X P U M P K I N I F B Q R K F

WORDS TO FINDS

PUMPKIN	COSTUME
SPOOKY	BROOMSTICK
SKULL	SKELETON
COFFIN	SCARECROWS
GRAVE	GHOST

BIRTHDAY 34

K	Z	R	A	Z	H	K	Q	O	H	U	I	K	F	B
Q	M	G	M	C	B	A	L	L	O	O	N	G	E	C
U	U	A	X	X	J	S	Z	F	X	X	C	U	I	O
D	X	M	I	Q	J	X	A	F	F	H	G	E	S	N
O	G	E	F	R	I	E	N	D	S	N	R	S	W	F
W	C	S	M	U	M	D	B	E	Z	L	V	T	E	E
I	U	W	C	Z	N	C	D	U	B	T	V	S	E	T
X	P	O	I	N	S	P	A	R	K	L	E	R	T	T
N	E	X	I	S	R	Q	D	K	C	A	K	E	S	I
Y	A	G	L	D	H	L	E	S	E	O	R	R	V	C

WORDS TO FINDS

GUESTS
SPARKLER
FUN
BALLOON
WISH
CAKE
FRIENDS
GAMES
CONFETTI
SWEETS

Time: ______________ INTERMEDIATE

AUTOBOTS 35

X	C	N	E	Z	B	S	Y	F	M	B	K	E	B	E
U	F	Z	Z	J	R	A	I	Z	J	P	R	O	W	L
A	V	A	T	L	X	A	P	D	X	B	S	R	H	O
U	J	D	K	P	V	A	T	L	E	W	H	B	W	C
I	R	O	N	H	I	D	E	C	U	S	E	S	I	R
U	A	O	P	T	I	M	U	S	H	X	W	F	T	O
C	R	M	E	G	A	T	R	O	N	E	R	I	V	T
C	C	W	Z	Y	A	O	A	G	H	X	T	Z	P	N
A	E	M	N	B	U	M	B	L	E	B	E	E	G	E
J	E	S	T	A	R	S	C	R	E	A	M	G	Y	V

WORDS TO FINDS

MEGATRON
OPTIMUS
BUMBLEBEE
PROWL
JAZZ
SIDESWIPE
ARCEE
RATCHET
IRONHIDE
STARSCREAM

Time: ______________________ INTERMEDIATE

REPTILES 36

C	S	C	D	Z	N	S	I	L	F	H	L	A	L	I
U	R	V	H	W	U	S	E	G	T	E	R	E	K	C
U	P	O	W	V	W	S	E	P	L	B	K	V	F	H
H	F	Y	C	O	N	S	K	T	O	A	Z	İ	J	A
Y	W	W	N	O	V	L	R	C	N	L	U	G	I	M
G	N	F	H	X	D	U	I	S	G	Y	D	U	U	E
G	R	T	R	X	T	I	A	Z	R	T	U	A	M	L
Y	Y	G	U	O	H	H	L	Z	A	F	Z	N	H	E
P	Z	T	O	O	G	L	Q	E	S	R	Z	A	G	O
Z	D	M	D	I	N	O	S	A	U	R	D	G	N	N

WORDS TO FINDS

CROCODILE
TURTLE
LIZARD
İGUANA
CHAMELEON

SNAKE
PYTHON
DINOSAUR
COBRA
FROG

INSECTS 37

L	R	O	B	C	A	T	E	R	P	I	L	L	A	R
A	C	X	Y	U	B	H	M	E	S	O	U	A	E	G
D	L	R	L	R	T	H	M	J	N	R	T	A	N	K
Y	B	K	I	T	Q	T	P	B	B	N	H	I	G	T
B	E	V	M	C	O	A	E	S	K	F	W	X	B	U
U	L	Y	H	M	K	S	T	R	I	L	N	W	E	Q
G	J	W	U	Y	T	E	Y	N	F	S	O	O	E	R
C	M	O	S	Q	U	I	T	O	F	L	I	R	T	C
G	R	A	S	S	H	O	P	P	E	R	Y	M	L	W
A	W	Z	F	Q	B	F	S	P	I	D	E	R	E	Z

WORDS TO FINDS

BUTTERFLY
BEETLE
ANT
LADYBUG
MOSQUITO
SPIDER
CATERPILLAR
GRASSHOPPER
CRICKET
WORM

Time: ____________ INTERMEDIATE

FLOWERS 38

Z E I X M T L U Y N A H C H T
W P P S I V F V O W A I A T D
B D J I R L I I O V K Y R S L
L X U S Q O L O Z J I X N A A
T W L T Y E S O L U V N A S V
Y M D N D M O E R E S T T T E
K U O N E E M R G C T U I E N
B E A E W I S W Z V H L O R D
P D N A R C I S S U S I N S E
J K C L X D S Q P Y B P D P R

WORDS TO FINDS

ROSE
TULIP
ORCHID
PEONY
VIOLET
ASTER
NARCISSUS
DANDELION
LAVENDER
CARNATION

Time: ____________ INTERMEDIATE

TREES 39

D	M	X	S	A	C	P	P	C	E	F	L	L	R	X
S	Z	M	A	P	L	E	Q	H	N	A	D	W	K	B
A	T	D	C	U	C	G	Z	E	D	L	Z	I	L	I
H	M	S	H	Q	V	X	D	J	R	X	L	L	B	R
G	H	R	E	V	P	N	O	A	N	I	P	L	E	C
C	W	N	S	P	I	A	L	M	Q	B	F	O	E	H
H	I	Z	T	L	F	P	L	Z	S	A	S	W	C	D
P	S	Y	N	L	O	Z	N	M	L	K	X	L	H	Z
Z	G	A	U	P	W	B	T	D	A	T	Q	M	B	G
Y	Z	B	T	Q	G	N	T	O	N	H	A	O	U	J

WORDS TO FINDS

OAK
BIRCH
PINE
POPLAR
LINDEN

WILLOW
CHESTNUT
PALM
BEECH
MAPLE

Time: ____________ INTERMEDIATE

LIVING ROOM 40

W V B K F K S B S Y H B R A J
Z R U X M R Q E E S L A M P E
N H D B N D N Y V Z T P J C O
L B X U F R O E Z V G F N X C
L Q Z G R A K F H G Y O A E W
X K X C U P S O F A C G V G S
P P B G G E L J P S J C A L I
T A F I R E P L A C E W S J H
B F P I C T U R E F B G E S Q
F L O O R U J A R M C H A I R

WORDS TO FINDS

SOFA
ARMCHAIR
FLOOR
PICTURE
FIREPLACE

VASE
DRAPE
LAMP
RUG
SCONCE

Time: ____________________ INTERMEDIATE

BEDROOM 41

V A G M J T M P W C Q N M X F
F S A B E R W M Q S I K V O Z
D G O K D U V E T A H G P P B
L Y S G O R M A T T R E S S W
I A I Y Q W E R F N J I E Z V
C C D J O J U S K C V G S T T
P N V L R C B M S W C W O V B
T B L A N K E T X E Q M Z U E
N I G H T S T A N D R F C J D
P V G C M O I B R V G A C Z Z

WORDS TO FINDS

BED	DUVET
MATTRESS	NIGHTSTAND
PILLOW	DRESSER
SHEET	CURTAIN
BLANKET	CASKET

Time: ______ INTERMEDIATE

KITCHEN 42

Z	K	Q	G	C	V	O	N	J	A	S	L	M	T	Y
C	M	P	Z	J	T	A	B	L	E	C	L	O	T	H
T	I	Z	F	E	J	T	R	P	J	U	I	C	E	R
W	M	I	C	R	O	W	A	V	E	Z	R	L	U	K
N	J	G	W	F	E	H	E	T	T	X	U	Z	W	O
R	E	F	R	I	G	E	R	A	T	O	R	R	S	C
O	N	L	B	W	S	S	Z	G	W	E	C	W	T	B
T	O	A	S	T	E	R	A	E	O	C	F	T	O	U
D	I	S	H	W	A	S	H	E	R	A	K	T	V	T
O	V	E	N	J	C	U	P	B	O	A	R	D	E	H

WORDS TO FINDS

DISHWASHER	OVEN
CUPBOARD	JUICER
TOASTER	REFRIGERATOR
MICROWAVE	TABLECLOTH
STOVE	FREEZER

Time: ____________ INTERMEDIATE

TABLEWARE 43

X	U	T	G	P	E	R	F	R	S	J	T	V	Z	I
V	R	I	U	F	F	N	O	U	O	S	J	W	E	D
W	N	Q	B	A	L	Z	R	T	Q	Y	Q	G	U	I
C	T	R	C	B	C	T	K	I	Y	X	T	O	B	V
X	H	C	T	S	A	U	C	E	P	A	N	E	G	L
P	N	H	E	E	Z	D	T	K	K	Z	Z	P	W	G
L	R	P	A	E	X	Q	Y	X	O	U	U	O	N	L
A	E	A	P	B	O	T	T	L	E	C	B	S	O	A
T	K	M	O	M	M	U	Y	I	Z	J	H	H	J	S
E	K	E	T	T	L	E	C	D	T	K	V	C	F	S

WORDS TO FINDS

PLATE	SAUCEPAN
BOWL	LID
CUP	KETTLE
FORK	BOTTLE
GLASS	TEAPOT

Time: ____________ INTERMEDIATE

BATHROOM 44

Z K H W A L T A R T O W E L T
G J U Z D E Z E H T K Q M P O
H Y V K L W Y Q O A J S I L O
U U G I X R N M Q U H I R P T
D R O Z D K B W U T Y N R K H
Q T C R F W C A A F L K O R B
D F I L U Q D B K X P A R K R
U A E I I N W X L A G H B V U
H H M B L Y J C O L X E V I S
S J G W F R E S H E N E R P H

WORDS TO FINDS

TOILET	MIRROR
FRESHENER	SINK
TOWEL	BATH
HAIR DRYER	TOOTHBRUSH
SHELF	SOAP

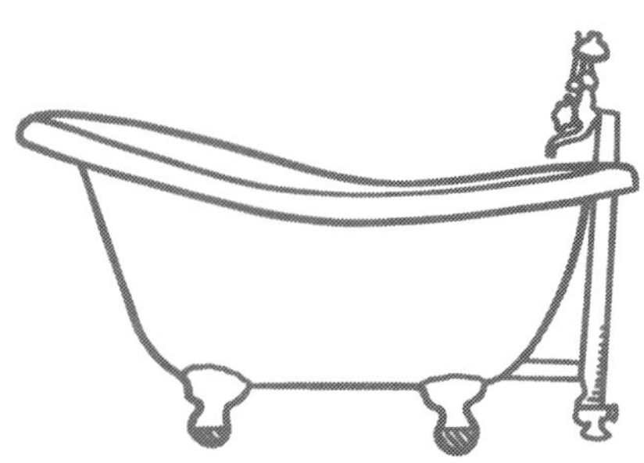

Time: ______________ INTERMEDIATE

FURNITURE 45

```
I U H X R S Q F N I X W H N E
N T X K M W O V W S Y A E V C
M C F V N K C Y A C H R S E U
U O J V R L H F L S A D N E B
X U K I H E S O L M R R M L E
V C A T A B L E U S T O O L N
B H S H E L V I N G S B W D C
C J Z X A Y E Q I T M E J E H
F L R E X H V M T W H K M S O
W F B O O K C A S E Z E Z K S
```

WORDS TO FINDS

BOOKCASE	DESK
TABLE	WARDROBE
WALL UNIT	BENCH
COUCH	STOOL
CHAIR	SHELVING

Time: ______________ INTERMEDIATE

APPLIANCES 46

K Z J D W R K U W M O P J Y G
W K H P E G O K K X E H Y T B
N H B T V S E T E R A L N N D
X G A H U M I D I F I E R D Z
H E G W O I T F E C A M E R A
H O V E N T I L A T O R F R U
C M O M U L T I C O O K E R N
H Q T V U Y J P P E G X Q O L
V H B L E N D E R D I W R T R
B I K A R R J W A M N I H C R

WORDS TO FINDS

VENTILATOR
CAMERA
MIXER
IRON
BLENDER
TV SET
HOOVER
HUMIDIFIER
HEATER
MULTICOOKER

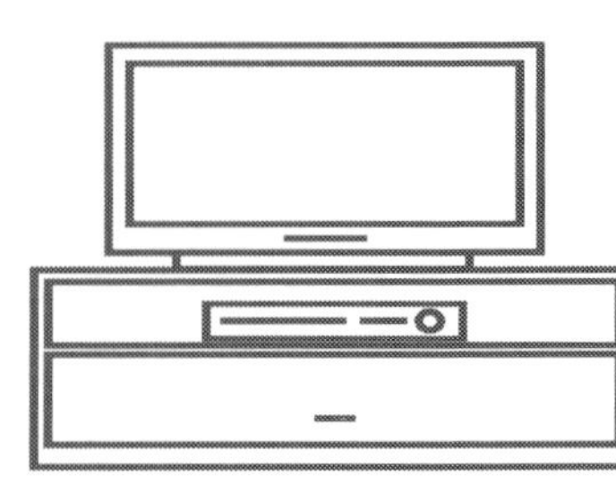

Time: ____________

INTERMEDIATE

WEATHER 47

K Q U X N D T T V Y N X Y A C
R F Z U U L I G H T N I N G K
C D A O V V K C D G G A F E M
V N L E H A G X K Z M Y S R R
Z C C C I L T O R N A D O W A
T E M P E R A T U R E T Y I I
Z B I K B V B I X Y S Y K N N
I T I Y Q F E K Z N N P M D G
J F T D W C M V B M O D Y O K
R F J F I M D J R W W K F P J

WORDS TO FINDS

RAIN
CLOUD
TEMPERATURE
ICE
SNOW
FOG
TORNADO
STORM
LIGHTNING
WIND

Time:

INTERMEDIATE

NATURE 48

T S M E W Q V L G X R O B R J
Q H X B E T I C A N Y O N R N
X S S D R F B X O T P K G I C
F R B E F E O B M C E L A P Z
N C S Y N X T P E L E T A V Z
K E J I X S U M G A N A I I I
D W U X E K Z N D U C W N H N
A H T R E H U P O V P H I I K
E W O K Y J A M E K R I V E R
W F G M R I Q Z G L A C I E R

WORDS TO FINDS

BEACH
DESERT
GLACIER
FOREST
CANYON
JUNGLE
MOUNTAIN
PLAIN
OCEAN
RIVER

Time: ____________ INTERMEDIATE

TRANSPORT 49

T K D R P C L Z R K I U Y X H

P D A A T R A I N X G T A V E

M C B G I W B O A T Q G C J L

H U N W B R G T I M V R H S I

B P U Q I H P K F K G I T F C

Y X P W C X R L L D C S G E O

P P R H Y Y W A A A O S H I P

J P M B C M B H S N A E C N T

A M B U L A N C E Z E J T D E

T D J A E Q Z P T J F C Q Z R

WORDS TO FINDS

AIRPLANE	SHIP
BICYCLE	AMBULANCE
YACHT	TAXI
CAR	BOAT
HELICOPTER	TRAIN

Time: ____________________ INTERMEDIATE

CONSTRUCTION 50

K X A M H R R S F H Z K V O C
B U L L D O Z E R R C R M Z E
D Y S H T T K N E U E Y K E X
H F J C F K V D R L R W O P C
A Y A T K F A T L V X E U J A
A R L Y N R F O R K L I F T V
T H Q I G N R E S Y G I U G A
T E L E H A N D L E R C S D T
B A C K H O E L O A D E R G O
O G F K W J C R A N E G U G R

WORDS TO FINDS

BULLDOZER
FORKLIFT
GRADER
ROLLER
CRANE
TELEHANDLER
TRUCK
TRACTOR
EXCAVATOR
BACKHOE LOADER

PROFESSIONS 51

Y V P C B E Q F V C O F V O V
D H A F I R E F I G H T E R L
I D I H W E V N L P I L O T B
J E N T I S A Q D P T A K E A
X N T P Y H C O S R K R Y A C
T T E C C U X B O I O Q R C A
E I R E H Z C T H I N V X H K
S S M X I E C Q R H C Q D E W
H T E Y U A F D O C T O R R U
A R C H I T E C T J Q J T B K

WORDS TO FINDS

ACTOR	PILOT
ARCHITECT	FIREFIGHTER
CHEF	PAINTER
DENTIST	TEACHER
DOCTOR	MECHANIC

Time: ______________________ INTERMEDIATE

SCHOOL SUBJECTS 52

C J N X H M G E O G R A P H Y
H A S A I L P G J H N S C U Y
E R A R L K H O E E E X F F P
M C L T F Z Y W J S J Z X Q M
I H G I F W S R E A D I N G Q
S E E M N L I T E R A T U R E
T B B U N F C Y Z F E I P Z L
R N R S P O S V H I S T O R Y
Y P A I M A T H E M A T I C S
M K L C Y S Z C X G K X W N N

WORDS TO FINDS

ALGEBRA
CHEMISTRY
ART
GEOGRAPHY
HISTORY
MATHEMATICS
LITERATURE
READING
MUSIC
PHYSICS

Time: ______________________ INTERMEDIATE

STATIONERY 53

X	L	D	M	X	L	M	U	I	L	Z	B	J	E	G
C	M	D	S	I	B	Z	T	H	Q	W	B	J	F	J
A	M	X	C	T	R	W	C	J	F	B	P	D	G	Y
O	C	N	Y	E	A	Y	S	V	A	J	A	X	S	M
P	E	X	K	W	R	P	P	U	S	H	P	I	N	G
P	B	R	E	N	V	E	L	O	P	E	E	E	O	G
G	A	S	I	M	Y	J	I	E	F	P	R	Z	B	L
M	J	L	H	U	P	A	P	E	R	C	L	I	P	U
S	E	W	T	I	W	I	Q	E	R	A	S	E	R	E
S	C	I	S	S	O	R	S	W	T	H	A	T	J	H

WORDS TO FINDS

PAPER CLIP
PAPER
PUSHPIN
STAPLER
SCISSORS
PENCIL
ERASER
MARKER
GLUE
ENVELOPE

Time: ____________ INTERMEDIATE

TITLE 54

C N P F E D R K J T T F H G V
B Q I Z T O L E N N L S N M Z
N A Q U R I C C U I E V K W M
X G R E H N C O D O G E G E W
F D P O I Q C T R X G H A Y M
H M W R N S U Q F C C G T R A
E B P Y I E P E M P N K Y T L
Y E R V O L S Y E I D U K E V
B M J K R X R S K N L D L B O
M A R C H I O N E S S H M M D

WORDS TO FINDS

KING	EARL
QUEEN	VISCOUNT
PRINCE	BARONESS
DUKE	EMPEROR
MARCHIONESS	KNIGHT

Time: ______________________ INTERMEDIATE

MOBILE PHONE 55

S	G	Y	M	W	O	F	R	I	S	G	C	C	Z	Z
Q	A	A	W	I	J	H	H	G	O	U	F	U	I	C
K	K	M	R	D	X	I	A	O	M	I	X	R	U	W
F	E	J	S	E	C	F	P	R	O	V	E	R	T	U
D	V	T	H	U	D	Y	T	H	H	F	C	U	F	T
G	Q	A	K	U	N	M	G	S	O	P	P	O	R	M
I	N	L	Z	E	A	G	I	A	N	N	L	B	U	U
N	O	K	I	A	A	W	V	T	O	R	E	K	U	J
G	H	X	A	L	K	K	E	O	R	J	P	P	L	I
M	O	T	O	R	O	L	A	I	A	U	J	O	C	Y

WORDS TO FINDS

IPHONE
SAMSUNG
NOKIA
REDMI
OPPO

MOTOROLA
HUAWEI
XIAOMI
HONOR
VERTU

Time: ____________________ INTERMEDIATE

DESSERT 56

L D C M A R S H M A L L O W M

L O M A J H S H N D Y X J J A

N U L Y K E F Q M K C S C P R

V Q F L I E S W U K X E Y C M

P D O K I U C Y F A A D N F A

Y V O J Q P W X F U S G U A L

E O G A A B O N I R N T K S A

C V E M I T Y P N N C Z Y J D

E D O N U T X C A N D Y C L E

P H P R O B C H O C O L A T E

WORDS TO FINDS

CAKE	DONUT
COOKIES	JAM
MUFFIN	LOLLIPOP
CHOCOLATE	MARMALADE
CANDY	MARSHMALLOW

Time: ____________ INTERMEDIATE

SPICES 57

H O B R K C R S A F F R O N C
C K Q R C B X L X U Q M E R I
N I P T X A V A C L K I M O L
F X N A H N R C P J I N W S A
V J K N P Y U D K U T T L E N
K J C G A R M Y A O V C A M T
Y H O D Y M I E I M K T N A R
Y W B E A H O K C L O V E R O
X S H Z C W M N A G F M K Y D
H T T U R M E R I C L N Y E C

WORDS TO FINDS

PAPRIKA
SAFFRON
MINT
THYME
ROSEMARY
CILANTRO
CLOVE
CINNAMON
CARDAMOM
TURMERIC

Time: ____________ INTERMEDIATE

HOBBIES 58

P X N H G Q B Q V G K F P I B
H A Z Y I F Q I N T G I D P E
S K I U L K C I U U B S A X L
E J X N J P I C S L G H N S C
W H D W T K X N Y C Z I C I O
I K X S S I G R G C E N I N O
N T S E X K N P N Y L G N G K
G M R I N P I G Y R D I G I I
Y T R A V E L L I N G A N N N
T P J O F P N I T X K C A G G

WORDS TO FINDS

DANCING	CYCLING
SINGING	PAINTING
TRAVELLING	COOKING
SEWING	FISHING
HIKING	SKIING

Time: ____________ INTERMEDIATE

SHOPPING 59

S	Y	T	C	E	X	R	K	S	T	Z	X	D	W	O
Q	D	B	Y	E	E	R	R	K	A	N	H	F	Q	K
W	A	P	N	I	A	E	H	E	D	E	L	O	C	M
S	V	V	H	Q	M	S	Z	T	D	G	S	O	E	O
V	W	S	E	O	A	I	I	O	G	W	O	D	O	N
W	A	B	T	C	S	J	C	U	Q	O	S	S	F	E
C	P	S	U	P	E	R	M	A	R	K	E	T	I	Y
T	U	E	S	C	A	L	A	T	O	R	U	U	L	S
C	C	K	W	B	X	U	P	F	F	A	I	F	P	H
S	H	O	P	A	H	O	L	I	C	N	J	F	R	A

WORDS TO FINDS

FOODSTUFF
SUPERMARKET
SHOPAHOLIC
MONEY
CUSTOMER
CASHIER
SIZE
BARCODE
ESCALATOR
CASH

Time:  INTERMEDIATE

CAMPING 60

L D K J Y E L E H O T C M M B
Y E C Q V S O C K N R W D J A
B Y E S M N P C E F C T Y Q U
Q N O K A M A T C H E S Y W C
O X X C P S H C Z T B K W R O
L Q E S K C R X L F T T U K M
K S P C R E Q U I P M E N T P
D Q U O C A M P F I R E C F A
G R T N Z A F F L E R G U B S
F K A S L E E P I N G B A G S

WORDS TO FINDS

EQUIPMENT
TENT
TORCH
MATCHES
CAMPFIRE
SLEEPING BAG
MAP
COMPASS
RUCKSACK
CANOE

Time: ____________ INTERMEDIATE

VALENTINE 'S DAY 61

A	K	V	B	S	H	T	T	Z	I	R	H	Y	U	A
C	B	P	P	Q	E	R	M	O	K	M	L	O	U	S
D	A	O	P	U	A	R	O	M	A	N	T	I	C	Q
T	U	C	Q	E	V	A	L	E	N	T	I	N	E	D
V	U	U	H	X	A	K	L	R	Z	H	O	L	E	X
H	O	K	U	Q	R	K	O	J	N	G	G	B	D	C
B	B	V	G	E	R	V	V	M	P	Y	C	A	Z	U
Z	R	X	S	R	O	B	E	R	I	L	A	E	O	P
K	H	S	J	E	W	E	L	L	E	R	Y	B	K	I
C	H	O	C	O	L	A	T	E	B	S	Q	I	M	D

WORDS TO FINDS

ARROW	BOUQUET
CHOCOLATE	LOVE
CUPID	JEWELLERY
HEART	VALENTINE
HUG	ROMANTIC

Time: ____________

INTERMEDIATE

HAPPY EASTER! 62

E A S T E R B U N N Y U E P R
Z B E O B B U X B P J G A R E
R E S U R R E C T I O N S J L
S Z R Z K T H C G F P E T E I
P H S C J T H B A T B Z E A G
P B S B C G T O I W U L R Y I
A H G U R T L B D B H Y E P O
O D F T Y L E N T O L C G S U
O B S E R V A N C E X E G R S
J E S U S C H R I S T O S M O

WORDS TO FINDS

EASTER EGGS	BIBLE
BLESS	OBSERVANCE
RELIGIOUS	LENT
RESURRECTION	ORTHODOX
EASTER BUNNY	JESUS CHRIST

Time: ______________

INTERMEDIATE

STATES OF AMERICA 63

X A H C K L O U I S I A N A W
J P E N N S Y L V A N I A M A
X Q Z J G Y K L D F S C K V S
Q Q C A T R R I R A S O V F H
E H B Y O E R Z S H Z L O I I
L S Z Y U O X N F A X O Y O N
W S W M L B A A N W Y R I C G
X E U F X K Z R S A A A M K T
N C A L I F O R N I A D G B O
D X J G P W L F B I M O N L N

WORDS TO FINDS

CALIFORNIA
FLORIDA
HAWAII
COLORADO
NEW YORK
PENNSYLVANIA
TEXAS
WASHINGTON
KANSAS
LOUISIANA

Time: ____________________ INTERMEDIATE

SPORT 64

F E Q U E S T R I A N B U B K
O B Q M H C F Y D B C I E O Z
O L B A S K E T B A L L Q P Y
T U S M U K L E Y D B L U Y J
B T S R C R M H M M O I U J U
A R E O F R P K C I W A G A W
L D H N C L I L Y N L R D C F
L H N C N A B D U T I D K L O
R U G B Y I X E Q O N S O C B
L R Y W W Z S R H N G G C G Y

WORDS TO FINDS

FOOTBALL	GOLF
HOCKEY	BILLIARDS
BADMINTON	BOWLING
TENNIS	EQUESTRIAN
RUGBY	BASKETBALL

Time: ____________ INTERMEDIATE

FOOTBALL PLAYERS 65

R	O	N	A	L	D	O	K	C	R	U	I	W	A	I
Y	O	Q	U	L	W	T	J	R	R	H	H	N	P	U
U	B	K	E	D	L	B	I	M	O	A	O	B	X	U
U	Z	K	S	L	Y	Q	C	E	U	D	C	J	D	R
B	E	C	K	H	A	M	E	H	A	O	N	V	A	S
F	P	H	P	E	Z	W	A	R	S	Z	P	M	I	A
R	Q	E	E	O	U	A	A	K	B	S	Y	S	M	L
W	Q	F	L	K	D	M	Q	A	A	E	S	M	D	A
R	O	O	N	E	Y	G	V	N	N	E	S	T	U	H
B	U	F	F	O	N	A	Z	E	M	H	M	H	W	S

WORDS TO FINDS

PELE
MARADONA
BECKHAM
RONALDO
MESSI
BUFFON
SALAH
NEYMAR
KANE
ROONEY

Time: ______________ INTERMEDIATE

FOOTBALL 66

G	O	B	H	H	T	I	E	F	R	A	N	H	L	L
W	D	R	M	H	N	D	G	E	N	E	M	Z	S	W
U	F	R	C	R	I	D	P	O	N	A	G	D	P	H
I	Z	T	V	S	E	E	B	S	T	A	D	I	U	M
J	A	B	F	N	E	F	C	O	A	C	H	D	F	R
M	K	F	M	K	S	E	E	F	V	N	M	T	T	B
F	O	V	L	D	L	N	Z	R	L	A	Y	C	P	Q
H	A	A	R	S	B	D	U	T	E	A	K	L	E	X
A	O	N	A	Y	N	E	N	T	S	E	J	P	C	C
G	H	H	K	Q	E	R	R	P	E	N	A	L	T	Y

WORDS TO FINDS

STADIUM	GOALKEEPER
OFFSIDE	DEFENDER
FAN	MATCH
REFEREE	TEAM
COACH	PENALTY

Time: ______________________ INTERMEDIATE

SPORT EQUIPMENT 67

N	G	L	F	V	S	L	A	K	I	W	J	S	K	Y
Z	J	A	K	V	L	X	M	C	Q	D	U	S	S	L
F	I	T	N	E	S	S	B	A	L	L	M	U	T	Y
D	T	T	B	D	S	A	J	T	H	E	P	A	O	O
Z	T	R	E	A	D	M	I	L	L	O	R	A	P	G
A	A	U	P	Q	S	Y	R	Q	I	K	O	W	W	A
B	W	D	W	F	N	U	S	A	I	J	P	P	A	M
P	U	N	C	H	I	N	G	B	A	G	E	O	T	A
D	U	M	B	B	E	L	L	S	F	K	X	A	C	T
E	X	E	R	C	I	S	E	B	I	K	E	M	H	S

WORDS TO FINDS

TREADMILL	EXERCISE BIKE
JUMP ROPE	STOPWATCH
HOOP	BARBELL
DUMBBELLS	YOGA MAT
PUNCHING BAG	FITNESS BALL

Time: ____________ INTERMEDIATE

OCEANS AND SEAS 68

A Z D A R C T I C A I I B C H
K T M E D I T E R R A N E A N
X U L V P U J E O A L O L R B
L P I A S I O P Q B Q P Q I P
B E J N N V I N D I A N P B A
A B L R O T Z H J A N C K B C
L S L W Z R I Q Z N S T N E I
T B C A L O T C M N B N L A F
I J B X C O M H D P P F M N I
C L M N G K S C T M U V Q A C

WORDS TO FINDS

PACIFIC	CARIBBEAN
ATLANTIC	BALTIC
INDIAN	BLACK
ARCTIC	ARABIAN
NORTH	MEDITERRANEAN

Time: ____________ ADVANCED

CINEMA 69

C	M	G	N	N	S	Z	P	L	O	T	X	V	M	P
H	Q	D	Y	Z	Y	Z	R	D	P	O	J	V	R	Q
A	K	M	R	T	Z	O	D	U	F	D	W	N	Z	I
R	V	L	S	S	T	Q	D	I	E	P	C	G	K	W
A	N	A	E	C	C	A	M	E	R	A	M	A	N	O
C	C	B	A	C	K	S	T	A	G	E	N	W	K	E
T	E	S	U	B	R	Y	Y	U	J	N	C	T	Z	H
E	S	C	R	E	E	N	P	L	A	Y	E	T	P	L
R	M	O	D	X	S	S	Y	E	U	S	P	C	O	I
A	N	I	M	A	T	O	R	Z	H	F	F	S	B	R

WORDS TO FINDS

ANIMATOR	SET
BACKSTAGE	CAST
CAMERAMAN	DIRECTOR
SCREENPLAY	PLOT
CHARACTER	ACTOR

Time: ____________ ADVANCED

MOVIE GENRES 70

H	U	C	I	E	O	X	N	C	R	M	D	Y	A	R
T	O	P	G	T	K	R	A	C	L	N	S	M	E	A
L	A	R	V	Z	E	G	V	R	O	A	A	L	K	C
Z	K	H	R	T	W	N	R	O	T	R	L	P	H	T
K	R	C	S	O	S	V	T	N	D	I	Y	W	C	I
S	M	E	R	C	R	R	A	R	R	D	D	R	O	O
Z	W	B	Y	J	A	F	S	H	Z	T	P	Z	M	N
M	U	S	I	C	A	L	T	V	K	T	W	Q	E	O
P	I	G	Q	M	E	B	U	T	K	E	O	D	D	A
Q	L	E	D	O	C	U	M	E	N	T	A	R	Y	V

WORDS TO FINDS

COMEDY
DOCUMENTARY
DRAMA
FANTASY
HORROR
THRILLER
MUSICAL
CARTOON
WESTERN
ACTION

Time: ____________ ADVANCED

COMPUTER 71

M G S L O Y S R K V Z Z Y D G
S F Z Z X G E U B O N Z U E M
R E K I F S O L I N K Q C P E
C D F G U J K E Y B O A R D M
L D I S P L A Y P H F N A F O
A N L L U X H J B R O W S E R
P M O N I T O R E B Q W S H Y
T T Y M P H O T O C O P I E R
O V W R I T N U K Q T U X L Z
P K Q F L İ D X L E B T M K F

WORDS TO FINDS

BROWSER	İNTERFACE
PHOTOCOPIER	KEYBOARD
USER	LAPTOP
DISPLAY	LINK
MEMORY	MONITOR

Time: ____________ ADVANCED

AUTOMOBILE 72

E P F Z T B A F L O V B I C P
E R B O Z N S E J U C A B I N
O M O U F I E B N R G Q B Y P
R B E Z M H B R B G V S E S P
R M K X W P L G U K I D U N E
N Q G Y F Z E Z D I Y N N G T
U J A P L B B R A K E L E B R
A C C U M U L A T O R E O M O
S N H O S K S T R A I L E R L
D I E S E L V I J X L T H Z B

WORDS TO FINDS

BUMPER
ACCUMULATOR
BOOT
BRAKE
CABIN

WHEEL
TRAILER
DIESEL
ENGINE
PETROL

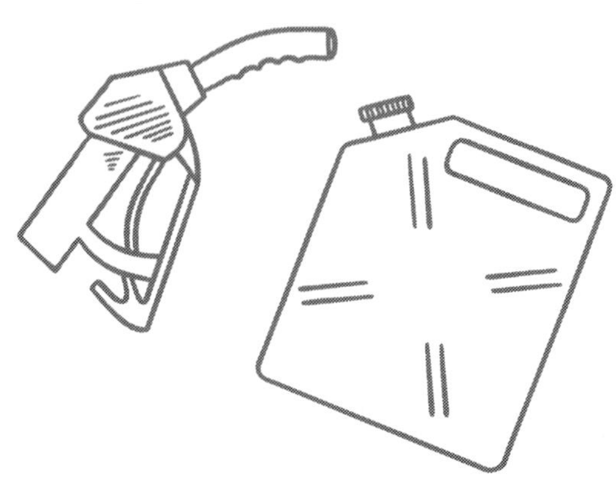

Time: ____________________ ADVANCED

SOLAR SYSTEM 73

C K X Y D C G J L L G U W G S
I K T F O K H U X Q M R V H I
U S A V Y N W P O B E A F A N
I O D E R N Y I P J R N Z P A
X N R U U K U T R L C U O N X
U J T S V E G E U R U S D X L
M A P K E A B R E A R T H E R
S A D Y N M Z C D A Y Q O S A
I D R M U U V T K S O G R C V
X P D S S N E P T U N E E I Y

WORDS TO FINDS

MERCURY	SATURN
VENUS	URANUS
EARTH	NEPTUNE
MARS	PLUTO
JUPITER	SUN

Time: ____________________ ADVANCED

CONSTELLATION 74

C	G	B	B	Y	P	S	T	M	H	M	C	G	X	J
Q	M	A	V	P	E	Y	J	S	C	O	R	P	I	O
L	J	Z	Q	C	S	A	L	C	B	V	O	Y	W	O
R	T	F	S	U	G	E	M	I	N	I	I	V	D	K
U	M	I	R	L	A	C	C	A	N	C	E	R	S	A
B	P	U	L	I	B	R	A	C	O	W	A	H	G	C
D	A	F	K	N	G	L	I	C	S	C	X	L	V	O
T	I	R	F	X	F	E	U	U	O	X	C	F	Q	Y
C	P	Y	G	J	B	O	Y	J	S	A	R	I	E	S
O	C	C	T	Y	I	N	F	Q	T	A	P	M	C	S

WORDS TO FINDS

ARIES
TAURUS
GEMINI
CANCER
LEO

VIRGO
LIBRA
SCORPIO
AQUARIUS
PISCES

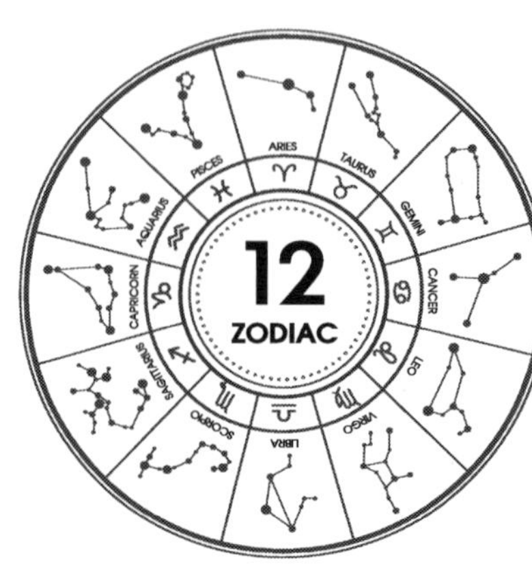

Time: ______________ ADVANCED

GRAMMAR 75

```
L P T B S I O W R B B Q U T X
I R V E R B N O X I E H I U Y
N O A E X T M F P X P S T G C
G N I M O E I D I G D E N B G
U O D A R N Y I V N C F R R E
I U I H D S M A V N I E M K R
S N X D C E X L O H V T L Q U
T F F G I J T E F D Q W I O N
D K X G W O Z C A J H W E V D
F I Q Y U O M T A R T I C L E
```

WORDS TO FINDS

ARTICLE	IDIOM
TENSE	INFINITIVE
GERUND	LINGUIST
VERB	PRONOUN
DIALECT	ADVERB

Time: ______ ADVANCED

GRAIN CROPS 76

E R E M Y L Q P N T A Z L U H

V W M K C U G R A N A R Y U C

G X H I B C B T Y Y G H T J K

D S S A P A A H I E E O T S A

E E L A R E R C T C Z H A S K

Y E X O H V V L I R I P Z T W

D D V W I A E R E C Y J Z R S

N J Z B E R P S O Y Q M H C X

B U C K W H E A T B M Y X K D

P L O U G H M A N Y V J R D Y

WORDS TO FINDS

WHEAT

BARLEY

OATS

RYE

RICE

HARVEST

GRANARY

SEED

BUCKWHEAT

PLOUGHMAN

Time: ______________ ADVANCED

HYGIENE 77

M X J N V J S S E Y J E T T N
O C N D X M C R B D R Q O W P
U I D D Y O I N A K I E O E S
T H P R P N S E B Z V G T E H
H A P O Q T S M W E O N H Z A
W H E U H F O F J U A R B E M
A O S K Y C R W O V I Q R R P
S Y P O F W S O E E N B U S O
H B M I A P K O G L B T S R O
T O O T H P A S T E G K H S I

WORDS TO FINDS

TOOTHBRUSH
SOAP
COMB
RAZOR
TWEEZERS
SHAMPOO
TOWEL
TOOTHPASTE
SCISSORS
MOUTHWASH

Time: ADVANCED

ILLNESS 78

R Z S A T A N Z E V J S U S B
N N O I O S D N Q I J Z I N R
H W A L O P C A G K U D R E O
A F S M T N E H L Q P M D E N
H W T E H F G G U L P I P Z C
R Y H N A I U F G R E C C E H
M K M T C O U G H E H R N P I
T X A O H A P V S A R N G Q T
N H T H E A D A C H E P B Y I
C A N C E R C Z P F E V E R S

WORDS TO FINDS

AILMENT
TOOTHACHE
COUGH
SNEEZE
CANCER
HEADACHE
FEVER
ALLERGY
BRONCHITIS
ASTHMA

Time: ______________________ ADVANCED

MEDICINE 79

O H V G C R U T C H B P A B I
O I P R E S C R I P T I O N N
R P N H J M Z C S K L Q A I J
C T E T R X E Z Z L Q F I V E
V R J R M G H M I X T U R E C
Q N Q M A E C P L A S T E R T
H U G D G T N V O U Y J P B I
H T N A L M I T G Q Z C Y M O
Z A T H E R M O M E T E R U N
B K F X A L Z V N J R I B B S

WORDS TO FINDS

OINTMENT	BANDAGE
CRUTCH	PILL
MIXTURE	PRESCRIPTION
THERMOMETER	INJECTION
PLASTER	OPERATION

Time: ____________ ADVANCED

DINOSAURS 80

Z P T E R A N O D O N S I B D
P H E R G O A E L T Z F L A I
T R I C E R A T O P S Z Y R P
Y Y G W K X K P S M Z W D O L
Y B C E R A T O S A U R U S O
T O R V O S A U R U S B J A D
G A L L I M I M U S I I N U O
W M Y N R W H C M I N A W R C
D E I N O N Y C H U S U Q U U
E O R A P T O R X F H Q V S S

WORDS TO FINDS

GALLIMIMUS
CERATOSAURUS
TRICERATOPS
PTERANODON
T-REX
TORVOSAURUS
EORAPTOR
BAROSAURUS
DIPLODOCUS
DEINONYCHUS

Time: ______________ ADVANCED

ARCHAEOLOGY 81

R	X	L	K	E	X	H	I	B	I	T	A	P	T	R
B	E	Q	M	G	D	U	V	U	O	H	S	C	R	E
L	Y	S	C	P	W	Q	H	N	T	V	G	O	E	E
O	J	O	E	G	S	A	S	T	A	T	U	E	A	K
T	O	M	B	A	N	C	I	E	N	T	R	N	S	Y
Q	L	C	T	F	R	M	A	U	S	O	L	E	U	M
C	Y	F	T	L	C	C	V	P	S	K	B	P	R	G
C	E	N	T	U	R	Y	H	U	M	U	G	X	E	R
Z	O	J	A	R	C	H	E	O	L	O	G	I	S	T
R	E	C	O	N	S	T	R	U	C	T	I	O	N	E

WORDS TO FINDS

ARCHEOLOGIST
CENTURY
TOMB
ANCIENT
RESEARCH

MAUSOLEUM
TREASURE
STATUE
EXHIBIT
RECONSTRUCTION

Time: ____________ ADVANCED

ANATOMY 82

F Y J D N E Q C P B B K F R T
J N U E N B P I W J Z P Q O Y
U N R O A E L Y U L I V E R T
P L B E L Z N O C S J A L R K
X F M H T V J Y O P G G A Q A
B A Q U S Z E G N D S E N Y C
R C J G S N A Q Z I H B Y Z J
A Y L J D C J Y K M J L U N G
I H V I A X L S T O M A C H K
N B K J I W H E A F M B A O H

WORDS TO FINDS

BLOOD
BONE
STOMACH
BRAIN
LUNG
MUSCLE
HEART
JAW
KIDNEY
LIVER

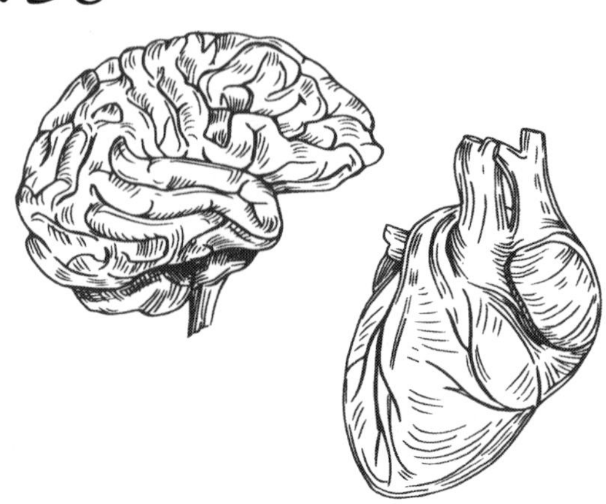

Time: ______________ ADVANCED

CLOTHING ACCESSORIES 83

V C C Q B F M W W X M M E A T
D N U O K T F O X G O D F Y E
N I M F E D J B S K P B G C A
I M P L F C L C H U G R G K R
N K L S Z L C V E S L A J E R
S A B C G F I U E H A C R Y I
W A T C H M B N R Z S E I R N
L S F R L Z V Q K H S L N I G
H A N D B A G H L S E E G N S
N E C K L A C E D Q S T X G D

WORDS TO FINDS

BRACELET	NECKLACE
CUFFLINKS	RING
EARRINGS	WATCH
GLASSES	WALLET
HANDBAG	KEYRING

Time: ____________ ADVANCED

TYPES OF FABRICS 84

W I D C J S N P A F S I L K N

Q V R T F O V S V R I T V S F

D X E K F W G A X O E C I Y L

S D M F Q X N T Y V V O S N M

U V I T E J A E L Y I T C T B

O H B C L X M E Y T R T O H I

C I F L W K V N A W X O S E E

D X O A Y P X X J D T N E T F

B O S U E D E H N U T C O I U

W G J Z J O J T C X P R V C R

WORDS TO FINDS

- COTTON
- FUR
- SILK
- SYNTHETIC
- CHIFFON
- VELVET
- VISCOSE
- WOOL
- SATEEN
- SUEDE

Time: ____________________

ADVANCED

TRAVELLING 85

V T R A V E L A G E N C Y I L
A B D V U C Z R L F Z R Y D L
C P O W E B N R O U O C A E N
A F T O U R I S T U N R T Z L
T I M Q V N T E K E T O O Z U
I S D Y E U K A R M H E S A G
O Z K V X C J R T W V I B L G
N D U L I R U F B R M Y D J A
H O J T B C V A I R P O R T G
S T J C K T F H V U C E G H E

WORDS TO FINDS

HOTEL	TOURIST
SOUVENIR	VACATION
LUGGAGE	AIRPORT
TICKET	ROUTE
CURRENCY	TRAVEL AGENCY

Time: ____________ ADVANCED

MUSIC 86

M G C X O S C C N K C Q P A Q
K N V Q I R M L C J L I O P B
F U B E Q P C O A M G X A C K
E Z D L Z O R H T S K R O Y W
J A Z Z N P W T E L S C F T F
P P H J R L S O O S S I Q Z U
T L L T O M Y F Y I T X C E P
R V O K N T V N D R X R K A U
I N S T R U M E N T A L A D L
G J J X S A P O P U L A R L P

WORDS TO FINDS

CLASSICAL	DISCO
POPULAR	POP
INSTRUMENTAL	JAZZ
ROCK	FOLK
ORCHESTRAL	RAP

Time: ____________________ ADVANCED

MUSICAL INSTRUMENTS 87

F T R U M P E T Y B L P M S J
S R T E F J I W W O E G W E H
A K E K N G K A O J X I O I A
X Q Z N O S J P N Z R H B B R
O D N W C S V G I O N Y K A P
P R V J G H X O K I F Z T T H
H H I D D R H C L A R I N E T
O M M N R F J O S O U U I E G
N W T K G U I F R G F L U T E
E G Q N O V M D X N B C B Y C

WORDS TO FINDS

CLARINET
VIOLIN
FLUTE
PIANO
GUITAR
HARP
DRUM
FRENCH HORN
SAXOPHONE
TRUMPET

Time: ______________________ ADVANCED

CONSTRUCTION TOOLS 88

L	V	U	N	H	Z	P	D	X	F	D	R	N	Q	E
H	M	O	U	F	H	Y	K	Y	D	E	C	Q	X	P
H	N	N	V	C	Y	A	B	S	P	R	H	A	N	U
A	B	K	S	C	N	O	M	A	O	N	I	R	A	P
N	E	D	D	S	C	F	P	M	X	G	S	L	H	L
D	O	S	W	R	E	D	P	D	E	K	E	W	L	I
S	X	V	J	D	N	X	I	U	C	R	L	X	O	E
A	V	H	K	A	Y	Z	G	P	X	Y	J	K	S	R
W	J	Z	S	O	F	W	R	E	N	C	H	I	F	S
S	C	R	E	W	D	R	I	V	E	R	V	W	P	B

WORDS TO FINDS

HAMMER
HAND SAW
SANDPAPER
DRILL
VISE
SCREWDRIVER
CHISEL
WRENCH
PLIERS
AXE

Time: ______________________ ADVANCED

MATERIAL 89

T	Y	D	V	A	P	X	C	H	C	X	O	Q	U	S
Z	Q	M	H	T	M	I	G	Y	P	S	U	M	R	B
L	X	E	E	C	G	L	A	S	S	R	Y	C	U	R
D	E	T	V	J	H	P	D	T	E	B	R	O	B	I
P	T	A	P	L	H	O	E	O	E	W	F	N	B	C
C	A	L	E	G	O	T	V	N	K	V	U	C	E	K
B	H	K	U	W	Q	Q	P	E	I	M	G	R	R	B
P	L	A	S	T	I	C	B	F	L	Y	E	E	R	R
E	W	V	Q	Z	T	D	P	A	P	E	R	T	N	C
U	N	N	Q	R	Q	C	Q	U	W	S	X	E	K	F

WORDS TO FINDS

STONE
CONCRETE
BRICK
METAL
RUBBER
GLASS
WOOD
PLASTIC
PAPER
GYPSUM

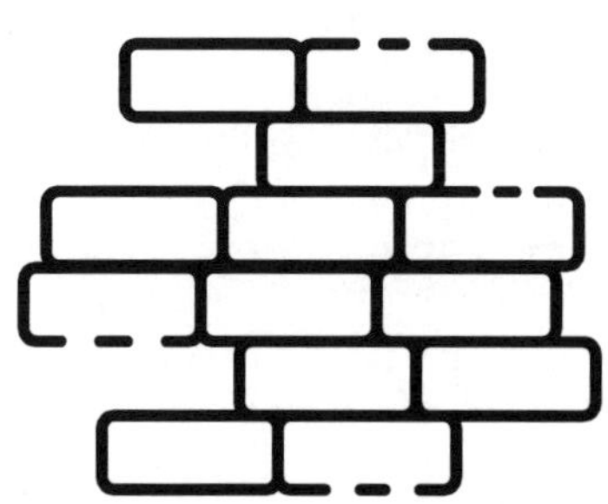

Time: ______________________  ADVANCED

SENSE 90

C I Y N X V O N K G A N H O I
D N P S O I P O G W R C O V V
H Y H M V V B E N Q U L K F S
C G H E L C E T P O R G D Z H
S L I L O O K R T X G V C Z E
T I C L E E P C H S I G H T A
A M I H R J I W A E T K K A R
R P Q Z O V K R L S A C K S I
E S X G L A N C E L R R Y T N
S E O P X C B W Y X L J P E G

WORDS TO FINDS

TASTE	GLIMPSE
SIGHT	GLANCE
SMELL	LOOK
TOUCH	STARE
HEARING	OVERHEAR

Time: ____________ ADVANCED

POSITIVE EMOTIONS 91

W R K X I S B T N O M Z V N H
H E P A X U G J O Y W S S A D
Q G A T T E N T I V E N H E I
E R K C Y C M W F J H I Z Y N
Q E U P K T B O H W S A S R T
M T P L E A S U R E M U Z I E
E A P L Q B F J X A N P C B R
H A S T O N I S H M E N T A E
N K P T H O S T K Y Y N U C S
A X X J M T W Q J L O V E X T

WORDS TO FINDS

LOVE
INTEREST
JOY
ATTENTIVE
HAPPY
AMAZED
SHY
REGRET
PLEASURE
ASTONISHMENT

Time: ____________ ADVANCED

NEGATIVE EMOTIONS 92

E D U A R R O G A N C E M A C
X A C J B G H B A J S H Y N O
W Z Z D B K I F K U S W F N N
D N L Y R M X G R G G H L O T
P V U E L D I S L I K E B Y E
R T G I R R I T A T I O N A M
N N X G J E M S F E A R E N P
A N T I P A T H Y L F D Z C T
D I S G R A C E Y G N G S E G
O G V I W N N A V E R S I O N

WORDS TO FINDS

ARROGANCE
ANGER
AVERSION
CONTEMPT
FEAR
ANNOYANCE
ANTIPATHY
DISLIKE
IRRITATION
DISGRACE

Time: ______________ ADVANCED

MONEY 93

S T L F B B F P Y H R U P E E
B Z E S I P E S O I E Q X T R
I M L U P R J Z M I U E E K E
D N Q F L O N W C J P D U Q E
O E Z R U B L E O Z O W Z R W
L M F A D I U O Y O U A Q F O
L H Y N A C Y Y C E N T I N D
A H U C H C F H G Y D C E U A
R U A V Z W N V R V F Y C M F
S R N M L G U G M H L U H Y O

WORDS TO FINDS

POUND
DOLLAR
EURO
YEN
RUBLE
RUPEE
YUAN
CENT
PESO
FRANC

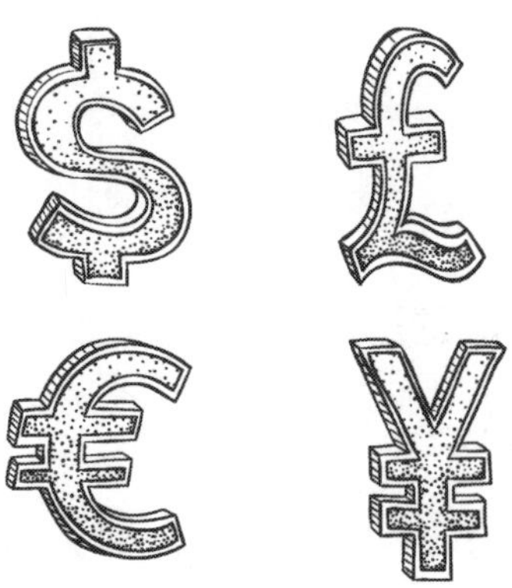

Time: ADVANCED

BOARD GAMES 94

D J I G S A W P U Z Z L E L S
F R P L A Y I N G C A R D S C
D Y A J T H Z A O M W B T S R
Q A G U L X I R D X M Q S K A
B A C K G A M M O N K E H F B
O P R V S H I C M E H B J J B
L J K J A R T G I C V O W E L
A D I C E S S S N R Y Y Y G E
T W H S Z D U R O U L E T T E
M O N O P O L Y J W G R H O D

WORDS TO FINDS

MONOPOLY
SCRABBLE
CHESS
DRAUGHTS
PLAYING CARDS
BACKGAMMON
DOMINO
ROULETTE
DICES
JIGSAW PUZZLE

Time: ____________________ ADVANCED

PLAYING CARDS 95

M	C	M	R	D	N	D	F	K	R	G	V	S	V	Z
W	L	I	G	K	A	F	W	P	I	Q	Q	Z	V	R
R	U	Q	G	H	E	C	F	U	R	R	K	T	A	K
Y	B	X	E	Z	S	S	S	J	M	G	T	O	C	S
Z	S	J	A	E	B	R	R	F	T	I	Q	O	E	H
F	P	G	D	G	E	E	C	V	R	I	N	T	V	E
F	O	A	N	K	K	U	H	J	Q	Z	Y	W	Y	A
N	P	I	O	O	T	R	U	M	P	C	A	R	D	R
S	K	J	P	D	I	A	M	O	N	D	S	T	B	T
L	Y	P	U	A	Q	U	E	E	N	M	D	K	E	S

WORDS TO FINDS

POKER	TRUMP CARD
HEARTS	ACE
CLUBS	KING
DIAMONDS	QUEEN
SPADES	JOKER

Time: ______________________ ADVANCED

CHESS 96

S I N R K L K A T Q U E E N F
K G K O J S L E B H N C O S C
Q N O G G V V G F Q S K O A A
F R I N S G Q Q B Y F R H Q S
C U I G Y L D M N Q X O J G T
J K C J H H I U Y U C T D X L
W Z P H U T L B I S H O P Y I
T O U R N A M E N T N K Q Y N
P A W N C H E S S B O A R D G
C H E C K M A T E M A B V B I

WORDS TO FINDS

CASTLING	KNIGHT
KING	ROOK
QUEEN	PAWN
BISHOP	CHECKMATE
CHESSBOARD	TOURNAMENT

Time: ________________ ADVANCED

ELECTION 97

```
S N C B A L L O T Z A N D D W
E C A N D I D A T E G M E E T
D M W Y I Q W E F I R Q M B H
P E Y P A U V K A O L F O A X
Q G P X E J R P F H V G C T H
G F G U Y E M E W A J Z R E P
W S F M T A R L G X T T A S O
M H A O C Y Y P C Q D C C H S
G O V E R N M E N T B K Y K O
J D E C L A R A T I O N D E Z
```

WORDS TO FINDS

VOTE	DECLARATION
BALLOT	DEPUTY
CANDIDATE	DEMOCRACY
GOVERNMENT	CAMPAIGN
DEBATES	REFORM

Time: ____________ ADVANCED

ARMY 98

J M C T F G R L Q S N R C B O
I K F P V E C I T I O X A R F
Y L W W I P O E C N J B P I F
Q H L D S D R U G O C L T G I
D B L C N Q P T E I L D A A C
B O L K Z N O E N V D O I D E
S Z M A J O R N E Q X E N I R
E K G R M T A A R U S H B E W
G T O S U O L N A Y B R E R L
S E R G E A N T L X F O O L M

WORDS TO FINDS

GENERAL
LIEUTENANT
MAJOR
BRIGADIER
COLONEL
CAPTAIN
SERGEANT
CORPORAL
SOLDIER
OFFICER

Time: ____________ ADVANCED

ELEMENTARY PARTICLE 99

H G H F E J G I J P R O T O N
I N K O D P N I S E B Y M O B
O P H O T O N I L O E K R Q P
N T L O R V I U Z E T T C V U
S N H T G A C G Z W C O H T P
U B U Z A E J E W E Y D P P S
O E G A L J N A L L J B K E D
N C Q O H C I E L F B A T O M
B W M D O I T E K A O N O N J
J N G I W D C V N R N H R Z B

WORDS TO FINDS

ATOM
ISOTOPE
IONS
MOLECULE
NEUTRON
PROTON
PHOTON
ELECTRON
GENE
CELL

Time: ____________ ADVANCED

INVENTIONS 100

```
I C A P S Z L I R A D I O G T
N F U A E R O P L A N G N R E
T M T E L E P H O N E R N O L
E A O E L E C T R I C I T Y E
R X M L D J W Z Z Q M I F J V
N C O M P U T E R V X Z L S I
E V B P H O T O G R A P H Y S
T C I T W T O J V A A T W V I
W W L R F A T G Z M X A I Y O
S T E A M E N G I N E G Y W N
```

WORDS TO FINDS

PHOTOGRAPHY	TELEVISION
STEAM ENGINE	COMPUTER
TELEPHONE	INTERNET
RADIO	AEROPLAN
ELECTRICITY	AUTOMOBILE

Time: ________________

ADVANCED

SCIENTISTS 101

M N I C O L A T E S L A C Q L
E A V P J J L F V I G E W L U
N B A D B A Y H Q N L D E W Q
D X M X C D I U Y T E W B I G
E H W S I A E F O F X W M S K
L L A Y J R R T Z A G O T W Y
E P U E I W S D M C D K V O B
Y L M A R I E C U R I E L K N
E T S P R N I E L S B O H R R
V K P A O S R E I N S T E I N

WORDS TO FINDS

NEWTON
EINSTEIN
MAXWELL
NICOLA TESLA
MENDELEYEV
PASCAL
DARWIN
MARIE CURIE
NIELS BOHR
ARISTOTLE

Time: ____________________ ADVANCED

WRITERS 102

O G O S S E O C R W J N D D H
B J T K Q K V A J A Y K H E E
H U A W N I P R K Y D J E F A
L Z L Y P P E R R A U L T O N
V J I Q Q L G O V Z M V N E D
P U X L A I M L D G R I M M E
H Y A X V N I L J G A T Z B R
Z F J F X G L W S W G J H Z S
K D I C K E N S T V F O V H E
D A G M F P E R O W L I N G N

WORDS TO FINDS

DICKENS	DEFOE
GRIMM	ROWLING
ANDERSEN	PERRAULT
CARROLL	MILNE
KIPLING	TWAIN

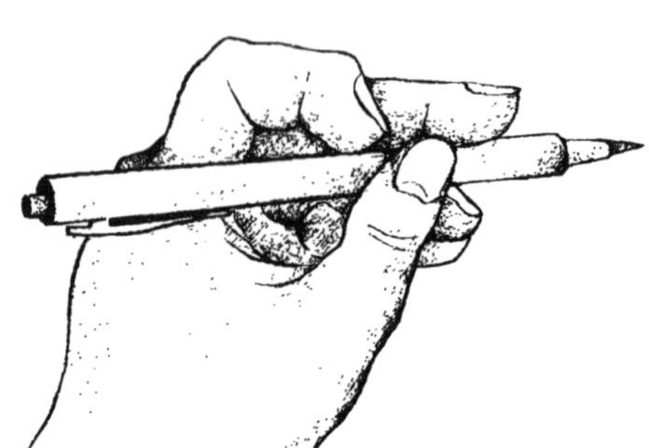

SOLUTIONS

Take your bonus: brainpuzzlesbook.com/kids-book

1

```
J Y X V A L Q J N Z F P X D R
Z Z A A V A Q U A M A N X E M
A N E M S X X F I R O N M A N
I L E K N B J T E O W E F D M
D H K A S R O B I N J J O P H
U U G O A U H Q P I E O N O Y
C O H A T R D A H H X T J O X
L Q B A T M A N G U X G H L A
S U P E R M A N R L Z Q I O U
S P I D E R M A N K H O J Y R
```

2

```
N U T C R A C K E R H E F Z R
B T S A D I P O P R J F I K P
L Z Y L H M L F B T Z A F K D
U P R A P U N Z E L T Z C U W
E Z B D B C S N O W Q U E E N
B Y A D B Y Q L M E R M A I D
E I C I I C I N D E R E L L A
A X S N O W W H I T E G I R X
R I T H U M B E L I N A E M B
D P I N O C C H I O T H Z T O
```

3

```
S V J L I N K J P S I Y K S A
I O D H L Q I T C R A N O E A
H L N E T X Z S A W I Q S P F
B V P T Q R A R S S C Z W F I
J O A B A D R Y U A M W U O Z
E T S U I E E H N X N V K R G
E H G Q F G J R O F H A U D I
P A R I U W E N J N Z H G J K
J H P S T O Y O T A D O I J E
I I Y X P S O X K U J A I D B
```

4

```
A S T R O N A U T I P N V A S
V I M T S Y A F T Y P E J F P
D S X Q S W F D N J L R W W A
S A T E L L I T E R A O L L C
X V O J I A N B Z T N X W N E
A S T E R O I D S Q E W F T S
J T F Z P Q S X I Z T I K L H
T B U V T J M M O O N M Z L I
M E T E O R I T E C O M E T P
E L O B A S T R O N O M Y O D
```

5

```
S G R E A T B R I T A I N V V
R P I K H X V W J R Z N R N V
W X A V Y U L D U F A R D P Z
Q Y Z I O F N E H B R Z C D M
W X Y B N A Q P U T E A A M I
C E W U L C B R A Z I L N V F
C Q N G K H T L E X V W A C Z
X E N B U I A F E H K Q D E E
G E R M A N Y L D Q L R A R E
S C O T L A N D G R E E C E I
```

6

```
B S K Y S C R A P E R P L A G
U S U P E R M A R K E T N A Y
I J S Y Y A S O L D W G K I D
L V N T M J T D J X M M D J G
D M S P M S B A K E R Y B L K
I Q R T K O Q P H A R M A C Y
N Z G O R Z E Q V M P E N T O
G V O W Z E C S N T F D K L W
O B H N S W E S Q U A R E E V
P U S Q T F S T A R H K L R P
```

7

```
T M I L L E N N I U M P F K T
F P M L E B P W C P Y D A G Y
Q A Q W G P R E S E N T L S W
E V E N I N G X H N G P H I T
C E N T U R Y V K N F H A G E
I M O R N I N G J I U R Y Z H
H B A Z V K F T V G T O A K T
M Y Y W M W H G V H U R D S C
R L D L Q Y N D E T R X A E Q
F S C A A Z D J F W E U Y C V
```

8

```
G J S E P T E M B E R R A L J
R F E B R U A R Y V R T U H T
H F I U N H H H V N J Q G J M
M N B A A M X L J Y J Q U U T
N U V U H B A E T U Z A S N Q
A D L A G N H R T K L D T E F
P X J B Q V D S C I A Y V O A
R W M B M G I F C H D S Y X M
I D P R R P Q J A N U A R Y A
L O C T O B E R A Y V E F D Y
```

9

```
F G W X A M K D J Q L M B U X
P D K O F F Z F C P G D R A H
E B D J E Q O M Q X M E S M W
G Y R C M W E E K H O I T M L
T H U R S D A Y O Z N O U O F
S A T U R D A Y S R T Y E N O
J W Y W I F L S C H H E S D R
V F E U A N W E D N E S D A Y
S D A M G J F P S U N D A Y O
P D R D C J F R I D A Y Y Z R
```

10

```
U S W N M D D V G K R L O D Q
O W O O D P E C K E R W N P H
E A P E A C O C K S X X A M N
O L F Q C K W W O O Z C R O W
P L T E Z O G C O E V K E O P
E O I K R J J I V T E G F G D
B W U R M X I B Q R I O A J N
H D A E A G L E D P K W D N V
A P N F V F G L B R G L Q F H
S P A R R O T T S A S W A N R
```

11

```
B B H E W J V W K H M N B Y J
T I W N O C T O P U S E D F J
G D A I V C R A B N U R K I Y
D L L D O L P H I N H O G S R
K V R P P F E V V K C I P H O
W S U Z K F Q S T I N G R A Y
H A S V S T A R F I S H L X S
A U C L T Q R F S D S T Z I T
L S Z A V J E L L Y F I S H E
E I P B T X Y S B C J Y V G R
```

12

```
E L E P H A N T Z E V T X S X
R H G I N Z H Q X W B R M L J
X E I K D G A Z S M V O U L H
Z T R C A V B I T R H Y E N A
E O A K X N L W Q V O M T M Y
B J F B A I G I M T A C O U Q
R C F L E M U A O C O H T N L
A J E R Q A I X R N Q O V O A
C N S Y A T R V C O N J C U K
W T I G E R T C H M O N K E Y
```

13

```
L O D O N K E Y N M C F L H S
C W G U K A Y W D B Q X U O X
X O L C X P Y C O C K E R R H
U U W Y U J H Y G Q D J G S D
J R N N C H I C K E N F J E K
G V P Z B U B E D S W S W U P
S G R R O D L M J Q Q K B E N
A M O Y P F C G B C P W E G H
A L Y A T Y A P I G J H W R I
J Z U G T B T T P Y S Q P U E
```

14

```
N P R D P X N B J M N K Y S S
O M K P I N E A P P L E I Y Y
J R H G R U G N H J O J X A X
Z W A A B G R A P E F R U I T
B M E N L N A N D X M W N K X
F P N A G L F A M L S E T G D
Q Q W G M E E M A P P L E K R
O P L U M X J M P E A C H U B
A P R I C O T L O N J O H T B
T P C W A M V S V N L D R C B
```

15

```
T R P O T A T O A J K B F T U
O A T C U N C F O N I O N U D
M D Q T U B H Y H W N A N O X
A I S H G C M G C E L T T B H
T S B I R A U V G P E C L V M
O H G O X B W M G V F A V F S
O C M G I B X G B X W R B J B
W T N J K A E I J E J R E H N
P E A S R G X O G A R O E M M
L T J F Z E T M C T K T T Y L
```

16

```
G H G Z L P H W A C X P E N E
A X T L U W L I B U J J N B O
R T A R I O S N A Q R O O F J
A H P E N R Q D L C U R R G Z
G H H I I F E O C L R U O H E
E R V A L F C W O O H Z P O M
K I T C H E N B N S A W U D M
Z S F I Z C R C Y E L L Q O S
Q U I L C N M A G T O C A O H
O M Q S M U E C O P R Z A R Z
```

17

```
S L P B E T X Q O Q G N M I L
U W M H A F J R K S W D S X U
I S G R O P W L X O X J P H U
R G W T X U Z T R O Q P Z H Z
G U G H V R L B L U O N I R E
H Q Z B D P M Z B K C H R U G
B L A C K L Z M H T M H L E Z
G R E E N E W H I T E B Y E D
O R A N G E T G P C H G R A Y
H U D Y E L L O W A O B S U N
```

18

```
P A R A L L E L O G R A M N B
G A V U R S M B W T R K O Z L
W B G W M H U X B R H G D S E
L P F Q O E L T X A O S Q Q I
N M L I L Q Z O N P M U C U Q
M R E C T A N G L E B N E A Z
I T R I A N G L E Z U O C R O
Y I H E X A G O N O S A Q E J
C P J Y W Z K C R I M O V A L
P E N T A G O N L D I I D L D
```

19

```
S H A R P E N E R D I V O E I
U C M B Q B L A C K B O A R D
E Q X L N B P B A C K P A C K
C I O B P R E C O S A K V W L
H L Q C E Q N G E G R C W R M
A A O S C Q C D L O X G E W A
L Z A C M S I V B H A L J D H
K R Y A K X L C V V U O S T T
E Q L D B E F F G R R B V X Z
N O O R O F R A U R I E M U R
```

20

```
B W J F S K Q E S F O O T E L
W C A E C M C R M R F H N V E
X P O A A D E R K V V Z F M G
O T B T O G R P A K D V R G D
L A V K N O J C W G O A D A I
G L H I S H O U L D E R E C Y
L B F E L Y C Z Q B G H E H W
V S U B H A N D Z V G S A E M
O P Y M A S V Q T Q F O J S P
D E T S K Q A J R S N Q M T U
```

21

```
H M O U T H A A F E J O M Y M
M G Q T H H Q M O P K F M X F
R E Z T U M V P R B S R T S E
T Y E Z T E H W E Q J E R A Y
S E K Y F K S S H U N U V W E
T L B X L L P G E U M H M N B
E A F A W I O K A K N J I Q R
P S U I L X P J D L C H E V O
C H E E K S A G L V C A L Y W
W M F T T O N G U E H K I T E
```

22

```
A V H E E I B F I B O W T I E
W S H O R T S Q F T O Y Z S M
A A C D V D I E E S H I R T P
L U I P G D W K P R H E K O V
C J K S B V C X J D S F B S G
H R G F T A E V Z U X W E K E
I B L R J C P S O E B U P I P
N X R N L M O R T U X E D O N
O W M P F D T A W C T O H Q P
S T E C S U I T T V S M D H K
```

23

```
T L E G G I N G S B I P R B F
T U C X E O H Q Y L P C Z Q L
L J N Z K S Z T W O A B W V J
G O R I X I A R T U S H A W L
D W K S C O L K S S S K X T Y
R P S W C A N R I E Q Y I F Y
E K E R X A P O N C H O I R G
S S U T T O M A K J U J K R T
S F E J N H N O P J F Q M A L
S T O C K I N G S Y C X W A S
```

24

```
M U S H R O O M I R S A L A D
E G M G X L L T W C I S G S T
H P P N W E T B Y C N C W A D
F K A C T E O F Y C F K E N B
U R N I H A M B U R G E R D U
W J C G G Y A M B T Y O N W T
H J A P S Q R E T K C U S I T
A P K P O Y E A O P G V N C E
S T E V W T S T O H J H J H R
H U X Z W B R P J Z B Y V R R
```

25

Q F P F S E N P Y U B R H W M
W A T E R L E M O N A D E M M
S G I U Z C C Y L S P T W A I
V H J N T O C O R B N N D Q L
R R P R H C O I C D T O V J K
T J B K A K F A U O S J O H S
O K L R T T F F C H A U E R H
I I F C E A E P D T Z I T O A
M S J U A I E N K M Q C K T K
U C T L U L I Y E H Y E G E E

26

G S J O B H R X X K Z I N S F
U N C L E R F G H T I O V I H
M O T H E R O N E P H E W S V
S P U U L K G T U R I I M T U
O G B H D A U G H T E R N E P
N G R R B X E N D E L K I R A
E Z U E X G R U G N R M E Z U
X F A T H E R V D N U E C B N
L K Y F F C W S Y D F H E N T
A A I F H P S O V T B U C I N

27

T E D D Y B E A R M G N F Q J
Y X Y R R Q Z P I P B S F I P
D W A G N K F I D U T R A I N
F K L W F E O C O O N U L J D
W Q J D I G Z Z L Q O B D L G
N V V B E B T X L Z P A C I B
G O R L T R O B O T B L M Q H
N A S G S C Q I D G S L S S B
B L Q U D A V Y V M W Z W R T
Y N B B N R P C B L O C K S B

28

U C R O S S W A L K M G O E B
G N F T S M X M B R I D G E O
I X D E X P R E S S W A Y S U
R V Q E W D R A U L R Z I A L
K E X F R S T R A F F I C E E
H J Z I L P T U N N E L U G V
Y W N L J I A K R I I N S H A
C Y F B F B S S E C E J V V R
P A V E M E N T S V X H H K D
Q T Y Z Q O W C A A L L E Y R

29

X E N L A I T R A R P A Y M Q
D C I N E M A Y Y P J T Z U K
Y G P V Q R P G K B R A A S I
Q X P K O K Z P H A U T O E C
A Q U A P A R K P R M G X U I
P F D B R E L I B R A R Y M R
Y J X U C L W B Z A Y Z F Q C
T H E A T R E Y K C Z U S J U
C P A R K K V L X G I O H T S
A K W A H B Z D I S C O O O D

30

L H W R S T R Q N Z G L P M S
E Q G P L E R W X Y I F Q A P
O G W S L B O A F Z A S R G E
I R Y G I L E J M K N K P I C
B O G M C F Q M M P T D E C T
C U R L N E L L T X O U B I A
J Q G Y C A R N I V A L O A T
H M E G H C S Y X I C Z I N O
A C R O B A T T F N H I S N R
A T T R A C T I O N S K Y D E

31

```
R B U P E R F U M E R Y V P S
L M R A H G L E Z K A G A O N
V H E P O X O E T O K I W S O
J K S U L P W C A N D Y W T W
H A P P I N E S S G A F O C D
U K E C D I R K F H G A M A R
L D C R A N S J M F G C A R O
K K T G Y O B D D F H T N D P
P T R P W N E M S O T J D L S
S P R I N G X A K Z S R O G Y
```

32

```
V D G N L K H S U R H E J P T
V B R D Q F T Y S V N V P S G
M F M B H N G Z K W X Y I D S
O H I T S N E W Y E A R N U A
A P C T K S E H C Q H A N I E
F N F A S A N T A C L A U S C
V I G K N N D P B R L M S X A
G L J E L D T I A G U A M Y R
L E C S L H L G P H I R D A O
J I N G L E B E L L S Y L Q L
```

33

```
G B R O O M S T I C K C E W F
S H I S C A R E C R O W S C D
V X O J K C X S V Q Y I L O X
Z P C S B B C E N X H W R S G
J U S C T K T I K P E M W T R
J H K W Z P F J X K X F U U A
X Q U Y K F S P O O K Y V M V
M O L K O S K E L E T O N E E
I R L C B M F P U O S S D W E
X P U M P K I N I F B Q R K F
```

34

```
K Z R A Z H K Q O H U I K F B
Q M G M C B A L L O O N G E C
U U A X X J S Z F X X C U I O
D X M I Q J X A F F H G E S N
O G E F R I E N D S N R S W F
W C S M U M D B E Z L V T E E
I U W C Z N C D U B T V S E T
X P O I N S P A R K L E R T T
N E X I S R Q D K C A K E S I
Y A G L D H L E S E O R R V C
```

35

```
X C N E Z B S Y F M B K E B E
U F Z Z J R A I Z J P R O W L
A V A T L X A P D X B S R H O
U J D K P V A T L E W H B W C
I R O N H I D E C U S E S I R
U A O P T I M U S H X W F T O
C R M E G A T R O N E R I V T
C C W Z Y A O A G H X T Z P N
A E M N B U M B L E B E E G E
J E S T A R S C R E A M G Y V
```

36

```
C S C D Z N S I L F H L A L I
U R V H W U S E G T E R E K C
U P O W V W S E P L B K V F H
H F Y C O N S K T O A Z I J A
Y W W N O V L R C N L U G I M
G N F H X D U I S G Y D U U E
G R T R X T I A Z R T U A M L
Y Y G U O H H L Z A F Z N H E
P Z T O O G L Q E S R Z A G O
Z D M D I N O S A U R D G N N
```

37

```
L R O B C A T E R P I L L A R
A C X Y U B H M E S O U A E G
D L R L R T H M J N R T A N K
Y B K I T Q T P B B N H I G T
B E V M C O A E S K F W X B U
U L Y H M K S T R I L N W E Q
G J W U Y T E Y N F S O O E R
C M O S Q U I T O F L I R T C
G R A S S H O P P E R Y M L W
A W Z F Q B F S P I D E R E Z
```

38

```
Z E I X M T L U Y N A H C H T
W P P S I V F V O W A I A T D
B D J I R L I I O V K Y R S L
L X U S Q O L O Z J I X N A A
T W L T Y E S O L U V N A S V
Y M D N D M O E R E S T T T E
K U O N E E M R G C T U I E N
B E A E W I S W Z V H L O R D
P D N A R C I S S U S I N S E
J K C L X D S Q P Y B P D P R
```

39

```
D M X S A C P P C E F L L R X
S Z M A P L E Q H N A D W K B
A T D C U C G Z E D L Z I L I
H M S H Q V X D J R X L L B R
G H R E V P N O A N I P L E C
C W N S P I A L M Q B F O E H
H I Z T L F P L Z S A S W C D
P S Y N L O Z N M L K X L H Z
Z G A U P W B T D A T Q M B G
Y Z B T Q G N T O N H A O U J
```

40

```
W V B K F K S B S Y H B R A J
Z R U X M R Q E E S L A M P E
N H D B N D N Y V Z T P J C O
L B X U F R O E Z V G F N X C
L Q Z G R A K F H G Y O A E W
X K X C U P S O F A C G V G S
P P B G G E L J P S J C A L I
T A F I R E P L A C E W S J H
B F P I C T U R E F B G E S Q
F L O O R U J A R M C H A I R
```

41

```
V A G M J T M P W C Q N M X F
F S A B E R W M Q S I K V O Z
D G O K D U V E T A H G P P B
L Y S G O R M A T T R E S S W
I A I Y Q W E R F N J I E Z V
C C D J O J U S K C V G S T T
P N V L R C B M S W C W O V B
T B L A N K E T X E Q M Z U E
N I G H T S T A N D R F C J D
P V G C M O I B R V G A C Z Z
```

42

```
Z K Q G C V O N J A S L M T Y
C M P Z J T A B L E C L O T H
T I Z F E J T R P J U I C E R
W M I C R O W A V E Z R L U K
N J G W F E H E T T X U Z W O
R E F R I G E R A T O R R S C
O N L B W S S Z G W E C W T B
T O A S T E R A E O C F T O U
D I S H W A S H E R A K T V T
O V E N J C U P B O A R D E H
```

43

X U T G P E R F R S J T V Z I

V R I U F F N O U O S J W E D

W N Q B A L Z R T Q Y Q G U I

C T R C B C T K I Y X T O B V

X H C T S A U C E P A N E G L

P N H E E Z D T K K Z Z P W G

L R P A E X Q Y X O U U O N L

A E A P B O T T L E C B S O A

T K M O M M U Y I Z J H H J S

E K E T T L E C D T K V C F S

44

Z K H W A L T A R T O W E L T

G J U Z D E Z E H T K Q M P O

H Y V K L W Y Q O A J S I L O

U U G I X R N M Q U H I R P T

D R O Z D K B W U T Y N R K H

Q T C R F W C A A F L K O R B

D F I L U Q D B K X P A R K R

U A E I I N W X L A G H B V U

H H M B L Y J C O L X E V I S

S J G W F R E S H E N E R P H

45

I U H X R S Q F N I X W H N E

N T X K M W O V W S Y A E V C

M C F V N K C Y A C H R S E U

U O J V R L H F L S A D N E B

X U K I H E S O L M R R M L E

V C A T A B L E U S T O O L N

B H S H E L V I N G S B W D C

C J Z X A Y E Q I T M E J E H

F L R E X H V M T W H K M S O

W F B O O K C A S E Z E Z K S

46

K Z J D W R K U W M O P J Y G

W K H P E G O K K X E H Y T B

N H B T V S E T E R A L N N D

X G A H U M I D I F I E R D Z

H E G W O I T F E C A M E R A

H O V E N T I L A T O R F R U

C M O M U L T I C O O K E R N

H Q T V U Y J P P E G X Q O L

V H B L E N D E R D I W R T R

B I K A R R J W A M N I H C R

47

K Q U X N D T T V Y N X Y A C

R F Z U U L I G H T N I N G K

C D A O V V K C D G G A F E M

V N L E H A G X K Z M Y S R R

Z C C C I L T O R N A D O W A

T E M P E R A T U R E T Y I I

Z B I K B V B I X Y S Y K N N

I T I Y Q F E K Z N N P M D G

J F T D W C M V B M O D Y O K

R F J F I M D J R W W K F P J

48

T S M E W Q V L G X R O B R J

Q H X B E T I C A N Y O N R N

X S S D R F B X O T P K G I C

F R B E F E O B M C E L A P Z

N C S Y N X T P E L E T A V Z

K E J I X S U M G A N A I I I

D W U X E K Z N D U C W N H N

A H T R E H U P O V P H I I K

E W O K Y J A M E K R I V E R

W F G M R I Q Z G L A C I E R

49

T K D R P C L Z R K I U Y X H
P D A A T R A I N X G T A V E
M C B G I W B O A T Q G C J L
H U N W B R G T I M V R H S I
B P U Q I H P K F K G I T F C
Y X P W C X R L L D C S G E O
P P R H Y Y W A A A O S H I P
J P M B C M B H S N A E C N T
A M B U L A N C E Z E J T D E
T D J A E Q Z P T J F C Q Z R

50

K X A M H R R S F H Z K V O C
B U L L D O Z E R R C R M Z E
D Y S H T T K N E U E Y K E X
H F J C F K V D R L R W O P C
A Y A T K F A T L V X E U J A
A R L Y N R F O R K L I F T V
T H Q I G N R E S Y G I U G A
T E L E H A N D L E R C S D T
B A C K H O E L O A D E R G O
O G F K W J C R A N E G U G R

51

Y V P C B E Q F V C O F V O V
D H A F I R E F I G H T E R L
I D I H W E V N L P I L O T B
J E N T I S A Q D P T A K E A
X N T P Y H C O S R K R Y A C
T T E C C U X B O I O Q R C A
E I R E H Z C T H I N V X H K
S S M X I E C Q R H C Q D E W
H T E Y U A F D O C T O R R U
A R C H I T E C T J Q J T B K

52

C J N X H M G E O G R A P H Y
H A S A I L P G J H N S C U Y
E R A R L K H O E E E X F F P
M C L T F Z Y W J S J Z X Q M
I H G I F W S R E A D I N G Q
S E E M N L I T E R A T U R E
T B B U N F C Y Z F E I P Z L
R N R S P O S V H I S T O R Y
Y P A I M A T H E M A T I C S
M K L C Y S Z C X G K X W N N

53

X L D M X L M U I L Z B J E G
C M D S I B Z T H Q W B J F J
A M X C T R W C J F B P D G Y
O C N Y E A Y S V A J A X S M
P E X K W R P P U S H P I N G
P B R E N V E L O P E E E O G
G A S I M Y J I E F P R Z B L
M J L H U P A P E R C L I P U
S E W T I W I Q E R A S E R E
S C I S S O R S W T H A T J H

54

C N P F E D R K J T T F H G V
B Q I Z T O L E N N L S N M Z
N A Q U R I C C U I E V K W M
X G R E H N C O D O G E G E W
F D P O I Q C T R X G H A Y M
H M W R N S U Q F C C G T R A
E B P Y I E P E M P N K Y T L
Y E R V O L S Y E I D U K E V
B M J K R X R S K N L D L B O
M A R C H I O N E S S H M M D

55

```
S G Y M W O F R I S G C C Z Z
Q A A W I J H H G O U F U I C
K K M R D X I A O M I X R U W
F E J S E C F P R O V E R T U
D V T H U D Y T H H F C U F T
G Q A K U N M G S O P P O R M
I N L Z E A G I A N N L B U U
N O K I A A W V T O R E K U J
G H X A L K K E O R J P P L I
M O T O R O L A I A U J O C Y
```

56

```
L D C M A R S H M A L L O W M
L O M A J H S H N D Y X J J A
N U L Y K E F Q M K C S C P R
V Q F L I E S W U K X E Y C M
P D O K I U C Y F A A D N F A
Y V O J Q P W X F U S G U A L
E O G A A B O N I R N T K S A
C V E M I T Y P N N C Z Y J D
E D O N U T X C A N D Y C L E
P H P R O B C H O C O L A T E
```

57

```
H O B R K C R S A F F R O N C
C K Q R C B X L X U Q M E R I
N I P T X A V A C L K I M O L
F X N A H N R C P J I N W S A
V J K N P Y U D K U T T L E N
K J C G A R M Y A O V C A M T
Y H O D Y M I E I M K T N A R
Y W B E A H O K C L O V E R O
X S H Z C W M N A G F M K Y D
H T T U R M E R I C L N Y E C
```

58

```
P X N H G Q B Q V G K F P I B
H A Z Y I F Q I N T G I D P E
S K I U L K C I U U B S A X L
E J X N J P I C S L G H N S C
W H D W T K X N Y C Z I C I O
I K X S S I G R G C E N I N O
N T S E X K N P N Y L G N G K
G M R I N P I G Y R D I G I I
Y T R A V E L L I N G A N N N
T P J O F P N I T X K C A G G
```

59

```
S Y T C E X R K S T Z X D W O
Q D B Y E E R R K A N H F Q K
W A P N I A E H E D E L O C M
S V V H Q M S Z T D G S O E O
V W S E O A I I O G W O D O N
W A B T C S J C U Q O S S F E
C P S U P E R M A R K E T I Y
T U E S C A L A T O R U U L S
C C K W B X U P F F A I F P H
S H O P A H O L I C N J F R A
```

60

```
L D K J Y E L E H O T C M M B
Y E C Q V S O C K N R W D J A
B Y E S M N P C E F C T Y Q U
Q N O K A M A T C H E S Y W C
O X X C P S H C Z T B K W R O
L Q E S K C R X L F T T U K M
K S P C R E Q U I P M E N T P
D Q U O C A M P F I R E C F A
G R T N Z A F F L E R G U B S
F K A S L E E P I N G B A G S
```

61

```
A K V B S H T T Z I R H Y U A
C B P P Q E R M O K M L O U S
D A O P U A R O M A N T I C Q
T U C Q E V A L E N T I N E D
V U U H X A K L R Z H O L E X
H O K U Q R K O J N G G B D C
B B V G E R V V M P Y C A Z U
Z R X S R O B E R I L A E O P
K H S J E W E L L E R Y B K I
C H O C O L A T E B S Q I M D
```

62

```
E A S T E R B U N N Y U E P R
Z B E O B B U X B P J G A R E
R E S U R R E C T I O N S J L
S Z R Z K T H C G F P E T E I
P H S C J T H B A T B Z E A G
P B S B C G T O I W U L R Y I
A H G U R T L B D B H Y E P O
O D F T Y L E N T O L C G S U
O B S E R V A N C E X E G R S
J E S U S C H R I S T O S M O
```

63

```
X A H C K L O U I S I A N A W
J P E N N S Y L V A N I A M A
X Q Z J G Y K L D F S C K V S
Q Q C A T R R I R A S O V F H
E H B Y O E R Z S H Z L O I I
L S Z Y U O X N F A X O Y O N
W S W M L B A A N W Y R I C G
X E U F X K Z R S A A A M K T
N C A L I F O R N I A D G B O
D X J G P W L F B I M O N L N
```

64

```
F E Q U E S T R I A N B U B K
O B Q M H C F Y D B C I E O Z
O L B A S K E T B A L L Q P Y
T U S M U K L E Y D B L U Y J
B T S R C R M H M M O I U J U
A R E O F R P K C I W A G A W
L D H N C L I L Y N L R D C F
L H N C N A B D U T I D K L O
R U G B Y I X E Q O N S O C B
L R Y W W Z S R H N G G C G Y
```

65

```
R O N A L D O K C R U I W A I
Y O Q U L W T J R R H H N P U
U B K E D L B I M O A O B X U
U Z K S L Y Q C E U D C J D R
B E C K H A M E H A O N V A S
F P H P E Z W A R S Z P M I A
R Q E E O U A A K B S Y S M L
W Q F L K D M Q A A E S M D A
R O O N E Y G V N N E S T U H
B U F F O N A Z E M H M H W S
```

66

```
G O B H H T I E F R A N H L L
W D R M H N D G E N E M Z S W
U F R C R I D P O N A G D P H
I Z T V S E E B S T A D I U M
J A B F N E F C O A C H D F R
M K F M K S E E F V N M T T B
F O V L D L N Z R L A Y C P Q
H A A R S B D U T E A K L E X
A O N A Y N E N T S E J P C C
G H H K Q E R R P E N A L T Y
```

67

N G L F V S L A K I W J S K Y
Z J A K V L X M C Q D U S S L
F I T N E S S B A L L M U T Y
D T T B D S A J T H E P A O O
Z T R E A D M I L L O R A P G
A A U P Q S Y R Q I K O W W A
B W D W F N U S A I J P P A M
P U N C H I N G B A G E O T A
D U M B B E L L S F K X A C T
E X E R C I S E B I K E M H S

68

A Z D A R C T I C A I I B C H
K T M E D I T E R R A N E A N
X U L V P U J E O A L O L R B
L P I A S I O P Q B Q P Q I P
B E J N N V I N D I A N P B A
A B L R O T Z H J A N C K B C
L S L W Z R I Q Z N S T N E I
T B C A L O T C M N B N L A F
I J B X C O M H D P P F M N I
C L M N G K S C T M U V Q A C

69

C M G N N S Z P L O T X V M P
H Q D Y Z Y Z R D P O J V R Q
A K M R T Z O D U F D W N Z I
R V L S S T Q D I E P C G K W
A N A E C C A M E R A M A N O
C C B A C K S T A G E N W K E
T E S U B R Y Y U J N C T Z H
E S C R E E N P L A Y E T P L
R M O D X S S Y E U S P C O I
A N I M A T O R Z H F F S B R

70

H U C I E O X N C R M D Y A R
T O P G T K R A C L N S M E A
L A R V Z E G V R O A A L K C
Z K H R T W N R O T R L P H T
K R C S O S V T N D I Y W C I
S M E R C R R A R R D D R O O
Z W B Y J A F S H Z T P Z M N
M U S I C A L T V K T W Q E O
P I G Q M E B U T K E O D D A
Q L E D O C U M E N T A R Y V

71

M G S L O Y S R K V Z Z Y D G
S F Z Z X G E U B O N Z U E M
R E K I F S O L I N K Q C P E
C D F G U J K E Y B O A R D M
L D I S P L A Y P H F N A F O
A N L L U X H J B R O W S E R
P M O N I T O R E B Q W S H Y
T T Y M P H O T O C O P I E R
O V W R I T N U K Q T U X L Z
P K Q F L İ D X L E B T M K F

72

E P F Z T B A F L O V B I C P
E R B O Z N S E J U C A B I N
O M O U F I E B N R G Q B Y P
R B E Z M H B R B G V S E S P
R M K X W P L G U K I D U N E
N Q G Y F Z E Z D I Y N N G T
U J A P L B B R A K E L E B R
A C C U M U L A T O R E O M O
S N H O S K S T R A I L E R L
D I E S E L V I J X L T H Z B

73

```
C K X Y D C G J L L G U W G S
I K T F O K H U X Q M R V H I
U S A V Y N W P O B E A F A N
I O D E R N Y I P J R N Z P A
X N R U U K U T R L C U O N X
U J T S V E G E U R U S D X L
M A P K E A B R E A R T H E R
S A D Y N M Z C D A Y Q O S A
I D R M U U V T K S O G R C V
X P D S S N E P T U N E E I Y
```

74

```
C G B B Y P S T M H M C G X J
Q M A V P E Y J S C O R P I O
L J Z Q C S A L C B V O Y W O
R T F S U G E M I N I I V D K
U M I R L A C C A N C E R S A
B P U L I B R A C O W A H G C
D A F K N G L I C S C X L V O
T I R F X F E U U O X C F Q Y
C P Y G J B O Y J S A R I E S
O C C T Y I N F Q T A P M C S
```

75

```
L P T B S I O W R B B Q U T X
I R V E R B N O X I E H I U Y
N O A E X T M F P X P S T G C
G N I M O E I D I G D E N B G
U O D A R N Y I V N C F R R E
I U I H D S M A V N I E M K R
S N X D C E X L O H V T L Q U
T F F G I J T E F D Q W I O N
D K X G W O Z C A J H W E V D
F I Q Y U O M T A R T I C L E
```

76

```
E R E M Y L Q P N T A Z L U H
V W M K C U G R A N A R Y U C
G X H I B C B T Y Y G H T J K
D S S A P A A H I E E O T S A
E E L A R E R C T C Z H A S K
Y E X O H V V L I R I P Z T W
D D V W I A E R E C Y J Z R S
N J Z B E R P S O Y Q M H C X
B U C K W H E A T B M Y X K D
P L O U G H M A N Y V J R D Y
```

77

```
M X J N V J S S E Y J E T T N
O C N D X M C R B D R Q O W P
U I D D Y O I N A K I E O E S
T H P R P N S E B Z V G T E H
H A P O Q T S M W E O N H Z A
W H E U H F O F J U A R B E M
A O S K Y C R W O V I Q R R P
S Y P O F W S O E E N B U S O
H B M I A P K O G L B T S R O
T O O T H P A S T E G K H S I
```

78

```
R Z S A T A N Z E V J S U S B
N N O I O S D N Q I J Z I N R
H W A L O P C A G K U D R E O
A F S M T N E H L Q P M D E N
H W T E H F G G U L P I P Z C
R Y H N A I U F G R E C C E H
M K M T C O U G H E H R N P I
T X A O H A P V S A R N G Q T
N H T H E A D A C H E P B Y I
C A N C E R C Z P F E V E R S
```

79

```
O H V G C R U T C H B P A B I
O I P R E S C R I P T I O N N
R P N H J M Z C S K L Q A I J
C T E T R X E Z Z L Q F I V E
V R J R M G H M I X T U R E C
Q N Q M A E C P L A S T E R T
H U G D G T N V O U Y J P B I
H T N A L M I T G Q Z C Y M O
Z A T H E R M O M E T E R U N
B K F X A L Z V N J R I B B S
```

80

```
Z P T E R A N O D O N S I B D
P H E R G O A E L T Z F L A I
T R I C E R A T O P S Z Y R P
Y Y G W K X K P S M Z W D O L
Y B C E R A T O S A U R U S O
T O R V O S A U R U S B J A D
G A L L I M I M U S I I N U O
W M Y N R W H C M I N A W R C
D E I N O N Y C H U S U Q U U
E O R A P T O R X F H Q V S S
```

81

```
R X L K E X H I B I T A P T R
B E Q M G D U V U O H S C R E
L Y S C P W Q H N T V G O E E
O J O E G S A S T A T U E A K
T O M B A N C I E N T R N S Y
Q L C T F R M A U S O L E U M
C Y F T L C C V P S K B P R G
C E N T U R Y H U M U G X E R
Z O J A R C H E O L O G I S T
R E C O N S T R U C T I O N E
```

82

```
F Y J D N E Q C P B B K F R T
J N U E N B P I W J Z P Q O Y
U N R O A E L Y U L I V E R T
P L B E L Z N O C S J A L R K
X F M H T V J Y O P G G A Q A
B A Q U S Z E G N D S E N Y C
R C J G S N A Q Z I H B Y Z J
A Y L J D C J Y K M J L U N G
I H V I A X L S T O M A C H K
N B K J I W H E A F M B A O H
```

83

```
V C C Q B F M W W X M M E A T
D N U O K T F O X G O D F Y E
N I M F E D J B S K P B G C A
I M P L F C L C H U G R G K R
N K L S Z L C V E S L A J E R
S A B C G F I U E H A C R Y I
W A T C H M B N R Z S E I R N
L S F R L Z V Q K H S L N I G
H A N D B A G H L S E E G N S
N E C K L A C E D Q S T X G D
```

84

```
W I D C J S N P A F S I L K N
Q V R T F O V S V R I T V S F
D X E K F W G A X O E C I Y L
S D M F Q X N T Y V V O S N M
U V I T E J A E L Y I T C T B
O H B C L X M E Y T R T O H I
C I F L W K V N A W X O S E E
D X O A Y P X X J D T N E T F
B O S U E D E H N U T C O I U
W G J Z J O J T C X P R V C R
```

85

```
V T R A V E L A G E N C Y I L
A B D V U C Z R L F Z R Y D L
C P O W E B N R O U O C A E N
A F T O U R I S T U N R T Z L
T I M Q V N T E K E T O O Z U
I S D Y E U K A R M H E S A G
O Z K V X C J R T W V I B L G
N D U L I R U F B R M Y D J A
H O J T B C V A I R P O R T G
S T J C K T F H V U C E G H E
```

86

```
M G C X O S C C N K C Q P A Q
K N V Q I R M L C J L I O P B
F U B E Q P C O A M G X A C K
E Z D L Z O R H T S K R O Y W
J A Z Z N P W T E L S C F T F
P P H J R L S O O S S I Q Z U
T L L T O M Y F Y I T X C E P
R V O K N T V N D R X R K A U
I N S T R U M E N T A L A D L
G J J X S A P O P U L A R L P
```

87

```
F T R U M P E T Y B L P M S J
S R T E F J I W W O E G W E H
A K E K N G K A O J X I O I A
X Q Z N O S J P N Z R H B B R
O D N W C S V G I O N Y K A P
P R V J G H X O K I F Z T T H
H H I D D R H C L A R I N E T
O M M N R F J O S O U U I E G
N W T K G U I F R G F L U T E
E G Q N O V M D X N B C B Y C
```

88

```
L V U N H Z P D X F D R N Q E
H M O U F H Y K Y D E C Q X P
H N N V C Y A B S P R H A N U
A B K S C N O M A O N I R A P
N E D D S C F P M X G S L H L
D O S W R E D P D E K E W L I
S X V J D N X I U C R L X O E
A V H K A Y Z G P X Y J K S R
W J Z S O F W R E N C H I F S
S C R E W D R I V E R V W P B
```

89

```
T Y D V A P X C H C X O Q U S
Z Q M H T M I G Y P S U M R B
L X E E C G L A S S R Y C U R
D E T V J H P D T E B R O B I
P T A P L H O E O E W F N B C
C A L E G O T V N K V U C E K
B H K U W Q Q P E I M G R R B
P L A S T I C B F L Y E E R R
E W V Q Z T D P A P E R T N C
U N N Q R Q C Q U W S X E K F
```

90

```
C I Y N X V O N K G A N H O I
D N P S O I P O G W R C O V V
H Y H M V V B E N Q U L K F S
C G H E L C E T P O R G D Z H
S L I L O O K R T X G V C Z E
T I C L E E P C H S I G H T A
A M I H R J I W A E T K K A R
R P Q Z O V K R L S A C K S I
E S X G L A N C E L R R Y T N
S E O P X C B W Y X L J P E G
```

91

W R K X I S B T N O M Z V N H
H E P A X U G J O Y W S S A D
Q G A T T E N T I V E N H E I
E R K C Y C M W F J H I Z Y N
Q E U P K T B O H W S A S R T
M T P L E A S U R E M U Z I E
E A P L Q B F J X A N P C B R
H A S T O N I S H M E N T A E
N K P T H O S T K Y Y N U C S
A X X J M T W Q J L O V E X T

92

E D U A R R O G A N C E M A C
X A C J B G H B A J S H Y N O
W Z Z D B K I F K U S W F N N
D N L Y R M X G R G G H L O T
P V U E L D I S L I K E B Y E
R T G I R R I T A T I O N A M
N N X G J E M S F E A R E N P
A N T I P A T H Y L F D Z C T
D I S G R A C E Y G N G S E G
O G V I W N N A V E R S I O N

93

S T L F B B F P Y H R U P E E
B Z E S I P E S O I E Q X T R
I M L U P R J Z M I U E E K E
D N Q F L O N W C J P D U Q E
O E Z R U B L E O Z O W Z R W
L M F A D I U O Y O U A Q F O
L H Y N A C Y Y C E N T I N D
A H U C H C F H G Y D C E U A
R U A V Z W N V R V F Y C M F
S R N M L G U G M H L U H Y O

94

D J I G S A W P U Z Z L E L S
F R P L A Y I N G C A R D S C
D Y A J T H Z A O M W B T S R
Q A G U L X I R D X M Q S K A
B A C K G A M M O N K E H F B
O P R V S H I C M E H B J J B
L J K J A R T G I C V O W E L
A D I C E S S S N R Y Y Y G E
T W H S Z D U R O U L E T T E
M O N O P O L Y J W G R H O D

95

M C M R D N D F K R G V S V Z
W L I G K A F W P I Q Q Z V R
R U Q G H E C F U R R K T A K
Y B X E Z S S S J M G T O C S
Z S J A E B R R F T I Q O E H
F P G D G E E C V R I N T V E
F O A N K K U H J Q Z Y W Y A
N P I O O T R U M P C A R D R
S K J P D I A M O N D S T B T
L Y P U A Q U E E N M D K E S

96

S I N R K L K A T Q U E E N F
K G K O J S L E B H N C O S C
Q N O G G V V G F Q S K O A A
F R I N S G Q Q B Y F R H Q S
C U I G Y L D M N Q X O J G T
J K C J H H I U Y U C T D X L
W Z P H U T L B I S H O P Y I
T O U R N A M E N T N K Q Y N
P A W N C H E S S B O A R D G
C H E C K M A T E M A B V B I

97

S N C B A L L O T Z A N D D W
E C A N D I D A T E G M E E T
D M W Y I Q W E F I R Q M B H
P E Y P A U V K A O L F O A X
Q G P X E J R P F H V G C T H
G F G U Y E M E W A J Z R E P
W S F M T A R L G X T T A S O
M H A O C Y Y P C Q D C C H S
G O V E R N M E N T B K Y K O
J D E C L A R A T I O N D E Z

98

J M C T F G R L Q S N R C B O
I K F P V E C I T I O X A R F
Y L W W I P O E C N J B P I F
Q H L D S D R U G O C L T G I
D B L C N Q P T E I L D A A C
B O L K Z N O E N V D O I D E
S Z M A J O R N E Q X E N I R
E K G R M T A A R U S H B E W
G T O S U O L N A Y B R E R L
S E R G E A N T L X F O O L M

99

H G H F E J G I J P R O T O N
I N K O D P N I S E B Y M O B
O P H O T O N I L O E K R Q P
N T L O R V I U Z E T T C V U
S N H T G A C G Z W C O H T P
U B U Z A E J E W E Y D P P S
O E G A L J N A L L J B K E D
N C Q O H C I E L F B A T O M
B W M D O I T E K A O N O N J
J N G I W D C V N R N H R Z B

100

I C A P S Z L I R A D I O G T
N F U A E R O P L A N G N R E
T M T E L E P H O N E R N O L
E A O E L E C T R I C I T Y E
R X M L D J W Z Z Q M I F J V
N C O M P U T E R V X Z L S I
E V B P H O T O G R A P H Y S
T C I T W T O J V A A T W V I
W W L R F A T G Z M X A I Y O
S T E A M E N G I N E G Y W N

101

M N I C O L A T E S L A C Q L
E A V P J J L F V I G E W L U
N B A D B A Y H Q N L D E W Q
D X M X C D I U Y T E W B I G
E H W S I A E F O F X W M S K
L L A Y J R R T Z A G O T W Y
E P U E I W S D M C D K V O B
Y L M A R I E C U R I E L K N
E T S P R N I E L S B O H R R
V K P A O S R E I N S T E I N

102

O G O S S E O C R W J N D D H
B J T K Q K V A J A Y K H E E
H U A W N I P R K Y D J E F A
L Z L Y P P E R R A U L T O N
V J I Q Q L G O V Z M V N E D
P U X L A I M L D G R I M M E
H Y A X V N I L J G A T Z B R
Z F J F X G L W S W G J H Z S
K D I C K E N S T V F O V H E
D A G M F P E R O W L I N G N

DEAR READER!

HAVING REACHED THE END OF THIS WORD SEARCH PUZZLE BOOK, YOU ALREADY KNOW FOR SURE: THE BRAIN IS A VERY IMPORTANT ORGAN.

SINCE YOU HAVE REACHED THE END OF THE BOOK AND SOLVED ALL THESE PUZZLES, THIS MEANS THAT YOU HAVE SUCCESSFULLY MADE YOUR BRAIN WORK 100%

BUT DON'T STOP AT THE POINT! CONTINUE TO DEVELOP YOURSELF AND YOUR INTELLECT.

YOU WILL NEED THIS IN SCHOOL AND IN LIFE.

A HUGE AND VERY EXCITING WORLD OF PUZZLES WILL OPEN FOR YOU THANKS TO THE BRAIN PUZZLES BOOK.

YOU WILL FIND MANY INTERESTING BOOKS ON A VARIETY OF THEMES WHAT YOU WILL TRULY ENJOY, AND WE WILL BE VERY GLAD AND PROUD IF YOU SPEND YOUR TIME WITH OUR BOOKS FOR THE BENEFIT FOR YOURSELF AND YOUR BRAIN.

SO, DON'T WASTE YOUR TIME, TAKE A PENCIL AND USE YOUR BRAIN AS MUCH AS POSSIBLE.

DO NOT FORGET TO COLLECT YOUR BONUSES AND WRITE YOUR WISHES ON: **BRAINPUZZLESBOOK.COM/KIDS-BOOK**

GOOD LUCK AND BRILLIANT RESULTS!!!

Brain Puzzles Book

Made in the USA
Middletown, DE
20 November 2022

15603422R00071